心について考えるための心理学ライブラリ
6

認知心理学の視点
頭の働きの科学

犬塚 美輪 著

サイエンス社

監修のことば

　本ライブラリの主目的は，心について考える視点，きっかけを読者に提示するということにあります。教科書という位置づけではありますが，一般書，専門書としての機能も併せ持つ，数巻から成る心理学の書籍群です。

　心理学の教科書は，多くの場合，よく知られた理論，概念，先行研究に言及し，解説していくことが通例ですが，読者にとっては，それらが他ならぬ自身の心とどのような関係があるのか，つかみがたいことも多いと思います。読者が，大学1年生など若い場合は，なおのことそうかもしれません。中には，自発的に自身の心と関連づけて思考を深めるケースもあるとは思いますが，なかなか難しいことのように思います。そこで，本ライブラリでは，各章において，基礎的事項の解説後，その事項と読者の心を関連づけるような「問題」をいくつか設定し，その問題に対する著者なりの「解説」も示します。本ライブラリの特徴の一つは，著者の色を発揮して，読者に訴えかける内容にするという点にあります。

　心理学の教科書は数多く刊行されています。さまざまな工夫がそれぞれにおいてなされており，新しいコンセプトを打ち出すことはもはや限界かもしれません。今から約50年前に刊行されたある心理学概論書のはしがきには，戦後おびただしい数の心理学概論書が出版されていることが記されています。当時，すでにこうした記述がなされていることに驚きますが，この状況は半世紀近く経った今ではより一層当てはまると思います。しかし，そうであっても，今なお，書籍を通して心理学の魅力を伝え，一般読者に心について考えるための素材を提供し，また専門家に対して著者の見解を提示することで新たな視点を創出することはできると考えています。

監修者　村井　潤一郎

はじめに

1. 本書の大まかな内容

「頭がいいなあ！」「頭の回転が速いね」とほめたりほめられたりした経験はありませんか？　課題が進まなかったり，問題が解けなかったりしたときに「頭が働かない」「自分は何て頭が悪いんだ！」と嘆いたことはないでしょうか。

私たちは「頭」が色々な知的な活動に携わっている（らしい），という漠然としたイメージを持っています。では，その「頭」はどんな仕組みで働いているのでしょうか。

本書でご紹介する「認知心理学」は，私たち人間の「頭」がどんな仕組みで働いているのか，についての学問です。「それは脳科学じゃないの？」と思われる方もいるかもしれません。確かに「脳科学（神経科学）」は，脳の活動をさまざまな手法でとらえ，そこから頭の働きを分析していく学問領域です。近年，脳の活動をとらえるための技術が目覚ましく発達してきたのに伴い，さまざまな知見が示されています。しかし，実は「認知心理学」はそれよりずっと昔から，頭の働きについての科学的知見を積み重ねてきました。

もちろん，脳の活動を直接とらえることは難しいので，認知心理学では人間の行動（刺激や課題にどのくらいの速さで反応するか，その反応はどのくらい正確か，条件によって反応がどんなふうに異なるか）に注目します。また，人間と動物の頭の働きには共通したところがあるので，時には，動物を対象にした実験を行うこともあります。そうしたデータを蓄積して「人間が○○するときの頭の働きはこのようになっているようだ」という知見を積み重ねてきました。このようにして分かってきた「頭の働きの仕組み」を，「認知プロセス」とよびます。「プロセス」は日本語では「過程」です。頭の中で，何が，どのような仕組みで，どのような順番で行われているのか，その過程を示すのが「認知プロセス」です。

はじめに

　認知プロセスについて，さまざまな研究が行われてきましたが，本書ではとくに「記憶」「理解」「問題解決」「思考」という4つのテーマに注目します。これらのテーマは，認知心理学の中では比較的複雑度の高い課題や行動を扱っていて，「高次」認知プロセスとよばれたりします。より基礎的な「知覚」や「注意」も認知心理学で盛んに研究が行われているテーマですが，本書では取り上げません。しかし，本書で取り上げるような「高次の認知プロセス」は知覚や注意などのより基礎的な認知プロセスの上に成り立っています。

　たとえば「読書する」ときの頭の働きを考えてみましょう。読書では，文章全体の理解が最終的な目標になりますが（詳しくは第5章），文章全体の理解の前に，一つひとつの文章の意味が分からなくてはなりません。その前には単語の意味を同定することが必要ですし，単語の意味を知るためには，まず文字に注意を向け，文字として認識する必要があります。このように，基礎的な認知プロセス（注意を向ける）の上により高次の認知プロセス（単語の認識，文章全体の理解）が成り立っているといえるのです（図 0.1）。

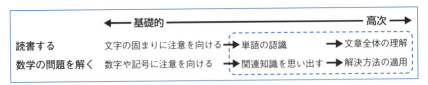

図 0.1　基礎的な認知プロセスと高次の認知プロセス
破線内が本書の対象を大まかに表している。

2. 認知心理学の特徴

　さて，先ほど「認知心理学はずっと昔から頭の働きについての科学的知見を積み重ねてきた」と言いましたが，それはいつごろからなのかということを少しお話ししたいと思います。

　人間の心や頭の働きについて調べようという「心理学」は 1879 年をその始まりであるといわれることが多いようです。これは，ドイツで世界初の

はじめに

「心理学研究室」が開かれたことに由来します。本書で取り上げる記憶や理解といったテーマに関しても研究がなされていましたが，それは主に「自分で自分の頭の働きを観察する」という手法によっていました。この手法は「内観」とよばれています。

しかし，ちょっと想像してみれば分かりますが，自分で自分の頭の働きをつぶさに観察するというのはなかなか大変なことです。自分では気づかない間違いを犯すこともありますし，自分ではこうしたと思っていたけど実際にはそうしていなかった，ということもあるでしょう。このように考えると，内観という手法は「科学的な検討方法」としてはいささか頼りないように思われます。

そこで，心理学は，「頭の中を調べようとするからおかしなことになるんだ。頭の中で何が起こっているかは置いておいて，人（や動物）が特定の状況でどのような行動をとるかだけに注目すればよい」という方針をとるようになります。こうした考え方は「行動主義」とよばれました。

しかし「頭の中のことを考慮しない」という厳密な行動主義のもとでは，人間の複雑な頭の働きをうまくとらえることが難しいということがだんだんわかってきました。そこで登場するのが認知心理学です。認知心理学では，人間の頭を一種の「情報処理システム」としてとらえます（Newell & Simon, 1972）。情報処理システムとは，たとえばコンピュータのようなものです。実際の人間の頭の中はコンピュータとは違う部分がたくさんありますが，コンピュータの知識がある人はそれをもとに認知心理学的なとらえ方を理解することができると思います（このような理解の仕方を「類推」とよびます。詳しくは本書の第7章で取り上げます）。

図0.2は，認知心理学が人間の頭の働きをどのようにとらえているかを示した図です。ちょうどコンピュータのようにデータが入力されると，それがプログラムに基づいて計算され（「処理」），その結果が出力されます。人間の頭も見たり聞いたりすることで情報を受け取ります。情報を受け取る体の器官や仕組みを「受容器官」とよんでいます。受け取られた情報は何らかの

法則（あるいはプログラム）に従って「処理」されますが，処理のためには，もともと頭の中に入っている情報（記憶）を使います。頭の中に入っている情報は，何らかの方法で関連づけられ整理されていると考えられます。こうして処理された情報は，「出力器官」を通して環境へと出力されます。

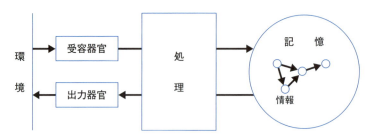

図 0.2　認知的な情報処理システム（Newell & Simon, 1972 をもとに筆者が作成）

　行動主義の心理学では，環境で見ることのできる情報にのみ注目していましたが，認知心理学では，情報の入力から出力までの間にどのような法則が働いているのかにも注目しているという点が異なります。このとき，情報処理システムの処理容量（ハードディスクの容量）を超えるような大量の情報が入ってくると，うまく処理することができません。また，適切なプログラム（ソフトやアプリケーション）がなかったり，使えなかったりすると，やはりうまく処理することができません。頭の処理容量はどのように決まるか，特定の情報を処理するプログラムはどのようなものか，というところを探究するのが認知心理学である，といってもよいでしょう。

3. 認知心理学は何の役に立つのか

　人が勉強する理由はさまざまです。本書を手にとってくださった方の中には少なからず「役に立つことなら知りたい」と思われる方もいらっしゃるでしょう。個人的には別に役に立たなくても面白ければいいかなと思うところもありますが，認知心理学の知見は（うまく身につけば）色々と役に立ちま

す。いくつか列挙してみましょう。

- **勉強をうまくできるようになる，よりよい教え方を考えることができる**
  　記憶や理解はこの点でもっとも重要なトピックです。どのように処理するとよりよく記憶できるか，どのように情報を提示すればより分かってもらえるか，認知心理学の理論から考えることができるようになります。
- **仕事がうまくいかないときにブレイクスルーを作り出せる**
  　知らず知らずのうちにルーチン的に仕事をしていたり，凝り固まった考え方をしてしまうと，行き詰まったところから抜け出すことができないものです。新しい問題について考えたり，新たな発想を得たりするためには，問題解決や類推の研究知見が役に立つと思います。
- **騙されにくくなる・よりよい判断ができるようになる**
  　推論や意思決定の研究が役に立つでしょう。私たちの考え方のクセや，多くの人が考える頭の働きに誤解が含まれていることに気づかれるかもしれません。誤った情報を伝えてくる人はたくさんいますし，その結果損をしてしまうこともあるでしょう。間違った情報を伝える人が「悪い人」だから，というわけではありません。無意識に，あるいは善意で間違った情報を伝えてくることもあります。そのとき，相手がいい人か悪い人か，だけでなく，人間の頭（自分の頭）がどのように働くものかという観点から，「これは間違っているのだろうな」と見抜くことができるでしょう。

　もちろん，「なるほど，人間の頭の仕組み（認知プロセス）はこんなふうになっているのか」と面白がっていただければ，それが何よりです。

　本書を通して，認知心理学の面白さの一端と，日常へのヒントをお届けできればうれしく思います。

2018 年 5 月

著者

目　次

はじめに……………………………………………………………………… i

第1章　よりよく覚えるためにはどうすればよいか
　　　　——記憶の仕組み　1

- **1.1**　記憶をとらえる枠組み………………………………………… 1
- **1.2**　2つの記憶のシステム………………………………………… 2
- **1.3**　二重貯蔵モデルは本当か？…………………………………… 9
- **1.4**　処理水準による説明…………………………………………… 10
- **1.5**　記憶のモデルの精緻化………………………………………… 12
- **1.6**　ま と め………………………………………………………… 16
- 問　題……………………………………………………………………… 17
- 解　説……………………………………………………………………… 20

第2章　「イヌ」って何？——知識の構造　25

- **2.1**　知識はどのような形をしているのか………………………… 25
- **2.2**　概念とカテゴリー……………………………………………… 28
- **2.3**　知識はどのように保存されているか………………………… 33
- **2.4**　ま と め………………………………………………………… 38
- 問　題……………………………………………………………………… 39
- 解　説……………………………………………………………………… 41

第3章　「ショックな出来事はよく覚えている」は本当か？
　　　　——出来事や経験の記憶　43

- **3.1**　意味のある内容の記憶………………………………………… 43
- **3.2**　日常的記憶の再構成…………………………………………… 44

3.3 特別な出来事の記憶……………………………………………… 47
  3.4 感情と記憶……………………………………………………… 52
  3.5 まとめ…………………………………………………………… 55
  問　題……………………………………………………………… 57
  解　説……………………………………………………………… 59

第4章　言葉を使うとはどういうことか
　　　──言語の発達と役割　61
  4.1 言葉を獲得するメカニズム…………………………………… 61
  4.2 思考の道具としての言葉……………………………………… 66
  4.3 コミュニケーションと言葉…………………………………… 70
  4.4 まとめ…………………………………………………………… 72
  問　題……………………………………………………………… 74
  解　説……………………………………………………………… 77

第5章　「読書百遍意自ずから通ず」？
　　　──文章理解の認知過程　81
  5.1 「読んで理解する」とはどういうことか……………………… 81
  5.2 文章理解の認知プロセス……………………………………… 82
  5.3 文章理解に影響する要因……………………………………… 90
  5.4 まとめ…………………………………………………………… 93
  問　題……………………………………………………………… 95
  解　説……………………………………………………………… 98

第6章　上手に料理を作るには──問題解決　103
  6.1 さまざまな問題解決…………………………………………… 103
  6.2 問題解決の方略………………………………………………… 105

6.3	エキスパートの問題解決	109
6.4	創造的問題解決	110
6.5	まとめ	114
	問　題	115
	解　説	119

第7章　未知の世界を理解する──類推　123

7.1	類推とは	123
7.2	類推のプロセス	126
7.3	類推による問題解決	130
7.4	まとめ	133
	問　題	135
	解　説	138

第8章　みんなでやればうまくいく？──協同の効果　143

8.1	みんなでやるとうまくいかない──社会心理学の知見	143
8.2	誰かとやるとうまくいく	147
8.3	協同の効果が出やすい課題	154
8.4	まとめ	155
	問　題	157
	解　説	160

第9章　論理的に考えるとはどういうことか
　　　　──分析的推論と拡張的推論　165

9.1	分析的推論	166
9.2	2つの拡張的推論	168
9.3	論理的に考えることはなぜ難しいか	171
9.4	まとめ	179

	問　題	180
	解　説	183

第 10 章　原因を正しくみつけることの難しさ
　　　　　――因果推論と認知的バイアス　189

10.1	必要原因と十分原因	190
10.2	原因帰属のヒューリスティック	191
10.3	思い込みから原因を探し出す	197
10.4	まとめ	200
	問　題	202
	解　説	205

第 11 章　今日は傘が必要か
　　　　　――リスクの認知と意思決定　211

11.1	確率の判断	211
11.2	リスクを見積もる	215
11.3	人間の 2 つのシステム	223
11.4	まとめ	224
	問　題	226
	解　説	229

引用文献	233
人名索引	241
事項索引	243
著者紹介	247

第1章 よりよく覚えるためにはどうすればよいか
——記憶の仕組み

「記憶力がある」とか「物覚えが悪い」などとよく言いますが、「記憶力」「覚える」とは一体どのような現象なのでしょうか。生まれつき「記憶力」の良い人や悪い人がいるのでしょうか。認知心理学を知るスタートとして、記憶とはどういうものなのか、どうすればよりよく記憶できるのか、という問いについて考えてみることにしましょう。

1.1 記憶をとらえる枠組み

私たちが記憶について話題にするときには、大きく分けて2つの場面があるようです。一つは何かを記憶しようとする場面です。たとえば、英単語、電話番号、特定の出来事など、まさに今起こっていることを覚える段階がこれに当たり、「記銘」段階とよばれます。もう一つの場面は、後で記憶の中身を「思い出す」場面です。これは、テストのときに覚えた英単語を思い出したり、昔話に花を咲かせたりするという段階に当たり、「想起」段階とよびます。想起段階では、うまく思い出せない、忘れてしまった、という状態もよく経験します。これをとくに「忘却」とよぶこともあります。このように、私たちの記憶のプロセスは、覚えたものを頭の中に保ち、後でそれを思い出す、という情報の流れになっているといえます（図1.1）。記憶の中身

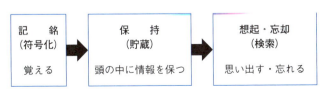

図 1.1 記憶のプロセス

(英単語か出来事か) によらず，何かの「情報」を扱うという視点からは，「符号化」「貯蔵」「検索」という言葉が用いられることもあります。

1.2　2つの記憶のシステム

では，記銘や想起はどのように行われるのでしょうか。アトキンソンとシフリン (Atkinson & Shiffrin, 1968；1971) は，図 1.2 に示すような2つの記憶貯蔵庫からなるシステム (「二重貯蔵モデル」) を提案しました。

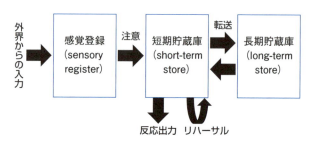

図 1.2　**記憶の二重貯蔵モデル**（Atkinson & Shiffrin, 1971 をもとに筆者が作成）

記憶の二重貯蔵モデルの中心となるのは，短期貯蔵庫と長期貯蔵庫の2つの記憶貯蔵庫です。人間の頭の外の情報（見たこと，聞いたこと）は，感覚登録（感覚記憶ともよばれます）のフィルターを通って短期貯蔵庫へ，さらに長期貯蔵庫へと転送されていきます。感覚登録は，視覚，聴覚，触覚などの感覚から入力された情報を短期記憶に送るごくわずかな期間だけ記憶を保持し，短期貯蔵庫に送るための処理を行うシステムです。情報は短期貯蔵庫を経て長期貯蔵庫に転送されます。短期貯蔵庫から転送され，長期貯蔵庫に入れられた情報を取り出すときは，再び短期貯蔵庫に戻し，頭の外に出力することになります。つまり，短期貯蔵庫は入力された情報の記銘と想起の両段階に関わるシステムといえるでしょう。

こうした記憶のシステムは，コンピュータの仕組みに例えると理解しやす

いかもしれません。コンピュータでは入力された情報をメモリ上で処理し，ハードディスクに保存します。短期貯蔵庫はいわばこのメモリであり，長期貯蔵庫がハードディスクにあたる働きをしています。ハードディスクに保存された情報を出力するには，やはりメモリ上での処理が必要であるように，頭の長期貯蔵庫の情報を思い出す際には短期貯蔵庫を介する必要があります。

このモデルに基づいて考えると，よりよく記憶する（覚える・思い出す）ためには，短期貯蔵庫と長期貯蔵庫それぞれの特徴を知り，短期貯蔵庫から長期貯蔵庫に適切な転送ができるようになること，そして，長期貯蔵庫内の情報をうまく取り出すことが肝心であることが分かります。

1.2.1 短期貯蔵庫

短期貯蔵庫の特徴としては，容量の限界，持続時間の限界，という2つの限界が重要です。

短期貯蔵庫の容量の限界を示す実験をしてみましょう。誰か（友達や先生でも誰でもかまいません）に「実験参加者」になってもらいます。あなたは実験者として数字を読み上げ，参加者に，順番通りに復唱してもらいましょう。これは，参加者の記憶範囲を測定する方法の一つで，正しく復唱できる範囲を「数唱範囲」とよびます。数字が3つの場合（たとえば，「3, 5, 2」）はすべて簡単に復唱できると思います。では，7ケタ（4, 7, 3, 8, 9, 5, 3）ではどうでしょう。10ケタ（3, 1, 2, 4, 8, 5, 2, 4, 9, 2）では？7ケタは復唱できるかもしれません。しかし，10ケタの数字をすべて正しく復唱するのはかなり難しいと思います。このように，数が増えると復唱するのは難しくなり，普通，数唱範囲は7つ程度が限界です。これが短期貯蔵庫の容量の限界だと考えられています。これは数字だけでなく，文字や単語，図形でも同じで，およそ7つ程度しか復唱できません。容量を超えて新たに情報が短期貯蔵庫に転送されると，それまで維持していた古い情報と新しい情報が置き換えられることもあります。短期貯蔵庫にもともとあった情報が，後から入ってきた情報に押し出されるのです。

しかし，短期貯蔵庫の容量を示す「7」という数は，単に数字や文字の数を表しているのではないという点に注意が必要です。たとえば，次のような文字列の場合を考えてみましょう。「P, T, A, N, H, K, N, T, T, J, R, A」。示されている文字数は12あるので，7を大きく超えていますね。しかし，これを3つずつに区切ってみるとどうでしょう。「PTA，NHK，NTT，JRA」となり，日本でよく使われている略称4つになります。先に提示した文字を1つずつ覚えようとすると，12の情報を記憶することになりますが，意味のあるまとまりに区切ることで記憶すべき情報を4つにすることができるのです。このように，記憶の単位は，意味のあるまとまりがいくつあるかで数え，これを「**チャンク**」とよびます。したがって，まとまりに気づいた人にとっては，先ほどの12文字は4チャンクになります。これなら短期貯蔵庫への記銘は簡単ですね。一方で，気づかなかった人やこれらの略称を知らない人にとっては12チャンクになりますから，短期貯蔵庫の容量を超えてしまい，覚えるのは難しくなるといえます。

次に，短期貯蔵庫の持続時間の限界について考えてみましょう。電話番号を調べて電話をかける，という場面を想像してください。電話番号を調べて，分かった番号をブツブツ繰返し唱えながら電話をかける様子を，多くの人が想像するのではないでしょうか。このとき「ブツブツ繰返し唱える」ことで，私たちは（多くの場合ランダムな数字で構成される）電話番号を短期貯蔵庫に維持しているのです。この「ブツブツ繰返し唱える」ことを「**リハーサル**」とよび，とくに短期貯蔵庫の中に維持するためのリハーサルを「維持リハーサル」とよびます。維持リハーサルをしない（できない）状況に置かれると，短期貯蔵庫の中の情報はどんどん失われ，その記憶は長くても数十秒しか保存されないことが知られています（Peterson & Peterson, 1959）。先ほどの電話番号の例でいうと，ブツブツ繰返し唱えながら番号をプッシュした後，しばらくするともうその電話番号を思い出せないということがよくあります。これは，リハーサルをやめてから時間が経ったために短期記憶の中の情報が失われたことを意味しています。

1.2.2 長期貯蔵庫

次に，長期貯蔵庫の特徴をみてみましょう。長期貯蔵庫には，短期貯蔵庫のような容量の限界や維持時間の限界はないと考えられています。つまり，短期貯蔵庫からうまく転送できれば，記憶の保持は半永久的になされるということになります。

と聞いて「そんなわけないじゃないか！」と思った方もいるでしょう。実際，時間がたつにつれて想起できる量が減っていくことは日常生活でもよく経験します。エビングハウス（Ebbinghaus, 1885）は記憶の保持に関する実験を行い，無意味つづり（実験のために文字をランダムに並べて作った実際には存在しない単語）をどのくらい覚えていられるか測定しました。その結果を表す図 1.3 は，「エビングハウスの忘却曲線」とよばれ，私たちの記憶の特徴をよく現すものとして知られています。図 1.3 では「節約率」という指標が使われています。この指標は，リストの単語を覚えた後，もう一度リストの単語を完全に想起できるように覚え直すのにかかった時間が，初めのときと比べてどのくらい短くなったかを示しています。たとえば，初めにリストを覚えるのに 10 分かかったとします。直後はすぐに全部想起できます

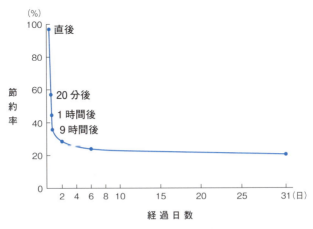

図 1.3 エビングハウスの忘却曲線 （Ebbinghaus, 1885）

から覚え直し時間は 0 分です。10 分節約できたので，初めの 10 分と比べると 100％の節約率になります。20 分後の節約率はおよそ 6 割（58％）なので，覚え直しには約 4 分ほどかかるということになります。節約率は 1 時間後には 44％，1 日経つと 26％と低下していき，時間が経つにつれて覚え直しに必要な時間が増えていくことが分かります。

なんだ，長期貯蔵庫は永久的に情報を保持できるのではなかったのか，とがっかりしますが，エビングハウスは学習を繰り返すことでこの節約率のカーブが緩やかになることも示しています。ずっと覚えておくためには学習後早めに覚え直すことが効果的であると言えるでしょう。

では，なぜ思い出せなくなるのでしょう。これには重要な理由が 2 つ考えられます。それは「転送の失敗」と「検索の失敗」です。

1. 転送の失敗

「忘れる」という現象が起こる 1 つ目の理由は「転送の失敗」です。つまり，そもそも長期記憶に保存することに失敗しているために想起できない，というわけです。

つまり，情報を短期貯蔵庫から長期貯蔵庫に転送するためのリハーサルを

表 1.1 記銘方略の例

無精緻化リハーサル	記憶したい情報をそのままの形で繰返しつぶやく。
精緻化リハーサル	
体制化	情報を特徴によって整理する。
チャンク化	意味のあるまとまりに区切る。
有意味化	無意味な情報に意味を付与する。 （例：2.23620679 を「富士山麓にオウム鳴く」と語呂合わせする。）
物語化	記銘する情報を使って物語にする。 （例：図 1.4 の題材を「ニンジンとレタスが宝物のチーズをなくした。フライパンの中を探したが見つからず……」といったお話にする。）
イメージ化	記銘する情報を映像化する。

「転送リハーサル」とよびますが、この転送リハーサルのやり方が重要になるのです。表 1.1 のようないろいろな転送リハーサルのやり方を「記銘方略」とよびます。単に覚えたい内容をそのまま繰返し唱えるのは「無精緻化リハーサル」とよびます。「精緻化」というのは、情報を加えてその意味をはっきりさせることです。無精緻化リハーサルより効率的に情報を長期貯蔵庫に転送するやり方を「精緻化リハーサル」とよびます。「体制化」とは、情報をその特徴に基づいて分類することです。たとえば、図 1.4 (a) のリストの内容を覚えて買い物に行くのであれば、そのままの順序で覚えるより、(b) に示したように分類して整理するほうがよく覚えられるはずです（それに、このように整理できれば、スーパーの中で行ったり来たりしないでスムーズに買い物できますね！）。他にも、語呂合わせなどで無意味な情報に意味を与える「有意味化」や、情報をストーリーにして記憶する「物語化」、映像として覚える「イメージ化」などがよく用いられます。これらの有効な記銘方略を用いて、うまく長期貯蔵庫に転送できれば、長いこと覚えていられるというわけです。

```
┌─────────────────┐      ┌──────────────────────────────┐
│ ニンジン，鍋，石けん， │      │ 台 所──器具：鍋，フライパン，シャモジ │
│ フライパン，レタス， │      │     ──食品：レタス，ニンジン，チーズ │
│ チーズ，歯ブラシ，シャ │      │ 洗面所──雑貨：石けん，歯ブラシ，タオル │
│ モジ，タオル       │      └──────────────────────────────┘
└─────────────────┘
        (a)                              (b)
```

図 1.4　体制化を用いた記銘

2. 検索の失敗

上では「そもそも覚えられていなかった」という場合を示しましたが、確かに記銘したはずの情報を「思い出せない」という忘却現象もよく生じます。このような忘却が生じる1つ目の理由は、特定の情報が記銘された前後の経験によって、その情報が思い出せなくなってしまう「干渉」があげられます。

もう一つの理由が検索の失敗です。長期貯蔵庫が半永久的にできるのは記

憶の「保持」であって，「想起」が半永久的に可能だというわけではないという点に注目しましょう。コンピュータの例でいうと，情報をハードディスクに保存しても，それにアクセスできなければ使うことはできません。ファイル名を忘れてしまったり，保存した場所を忘れてしまったりすると，その情報はハードディスク上のどこかにあっても，使えない，つまり存在しないのと同じことになるのです。

　「忘れる」というと「消えてなくなってしまう」ことと思いがちですが，長期貯蔵庫からうまく取り出すことができない状態，つまり検索の失敗が「思い出せない」「忘れた」という状態になっていることもあるのです。事実，私たちは日常的に「忘れていたことを，ふとしたきっかけで思い出す」という経験をします。たとえば，先生の顔を見てテストで答えられなかった問題の答えを思い出したり，子どもの頃の作文を読んで当時流行した歌を思い出したりします。このような何かを思い出すときの「ふとしたきっかけ（先生の顔や作文）」を検索手がかりとよびます。長期貯蔵庫の中の情報を検索するためのキーワードというわけです。

　検索手がかりが記銘時の文脈と一致していない場合に，検索に失敗してしまうことを「**符号化特定性原理**」とよんでいます（Tulving & Thomson, 1973）。記銘時には記銘しようとする内容とともに，さまざまな情報がその「文脈」として一緒に記憶されます。たとえば，無意味単語のリストAを記憶した参加者と，リストBを記憶した参加者がいたとします。このとき，リストAに含まれる無意味単語が手がかりとして与えられると，リストAを記憶した参加者はリスト内の他の単語も想起しやすくなります。しかし，リストBを記憶した参加者にリストAの単語を示しても，覚えた単語の想起は促進されません。これは，リストAを記憶した参加者にとっては，検索時の手がかりが記銘時の情報と一致していたためです。リストの単語のような記銘した材料そのものでなくても，記銘時のさまざまな環境が想起の際の検索手がかりになります。たとえば記銘時の場所や流れていた音楽，匂いなどがそうした手がかりに含まれます。したがって，授業を受けたときと同

じ教室で試験を受ければ，違う教室で試験を受けるより授業で覚えた内容を思い出しやすくなるはずです。

1.3 二重貯蔵モデルは本当か？

さて，ここまで二重貯蔵モデルの記銘・想起の段階について，説明してきました。しかし，「どうして2つの貯蔵庫を考えないといけないんだろう。1つのほうがシンプルでいいのに」と思われる方もいるかもしれません。二重貯蔵モデルが妥当と考えられる根拠の一つとして，記憶の貯蔵庫が1つしかないと想定するとうまく説明ができない事象があることをあげることができます。

グランザーとクニッツ（Glanzer & Cunitz, 1966）は，実験参加者にできるだけたくさんの単語を覚えるように教示し，単語のリストを読み上げました。その後，覚えた単語を順不同で言ってもらいました。こうした記憶の測定の仕方を「自由再生」とよびます。グランザーたちは，単語のリストの中でどの位置にあったか（系列位置）によって，想起される割合（再生率）が異なることを示しました（図1.5）。この実験では，単語リストを提示した直後と10秒後，そして30秒後に自由再生を求めています。まず，直後に再生した条件の再生率をみてみましょう。初めに提示された単語の再生率がもっとも高く，5番目くらいにかけて，急速に再生率が低下していくのが分かります。このように単語リストの初めのほうの再生率が高いことを「初頭効果」とよびます。そして，10番目くらいから最後に向かって再び再生率が上昇しています。このようにリストの終わりのほうの再生率が高いことを「新近効果」とよびます。

この2つの効果がみられるのは，「記憶には2つの貯蔵庫があるから」と解釈できます。つまり，長期貯蔵庫と短期貯蔵庫です。初頭効果は，初めに提示された単語ほどリハーサルしやすいので，長期貯蔵庫に転送されやすいために生じると考えられます。グランザーたちの実験では，単語の提示間隔

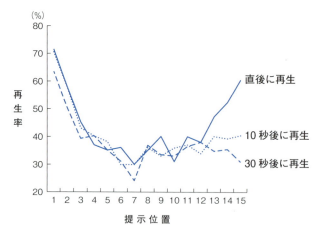

図 1.5　系列位置曲線 （Glanzer & Cunitz, 1966 をもとに筆者が作成）

を変化させたときの影響も検討されていますが，提示間隔がゆっくりになるほどリストの真ん中あたりの単語もよりよく想起されるようになります。これは，中盤の単語もリハーサルがしやすくなるためだと考えられます。一方，新近効果がみられるのは，後のほうに提示された単語が短期貯蔵庫に保持されているうちにアクセスしやすいためだと考えられます。図 1.5 をみると，提示終了から 10 秒後・30 秒後に再生を求めた場合には新近効果がみられないことが分かります。これは，短期記憶の時間的な限界という観点からうまく説明できます。

　このように，二重貯蔵モデルに基づいて考えると，単語リストの自由再生にみられる初頭効果と新近効果，そしてそれらに関する現象をうまく説明することができるのです。

1.4　処理水準による説明

　一方，違ったアプローチから記憶のメカニズムを説明しようというモデルも提案されています。その代表的な例が「処理水準」に注目したモデルです。

1.4 処理水準による説明

処理水準とは、記銘時にどのくらい深いレベルでの処理がされたか、ということを表します。たとえば、単語を覚える場合、私たちはまず文字の形を見て、音に変換し、その意味を理解する、という順で処理をしています。たとえば、"cat" という単語を見たときには、まず "C, A, T" という文字を認識し（形態レベル）、"kæt" という音に変換し（音韻レベル）、"動物のネコ" であることを理解（意味レベル）します（図 1.6）。もっとも「浅い処理」を形態レベル、「深い処理」を意味レベルと考えます。

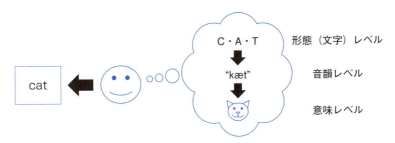

図 1.6　単語 "cat" を見たときの認知処理

クレイクとロックハート（Craik & Lockhart, 1972）は、こうした処理水準が記銘に与える影響を調べるために実験を行っています。この実験では、実験参加者は、提示された単語について異なるタイプの判断課題に取り組みました。実験参加者は3つのグループに分けられ、それぞれ「大文字かどうか（形態レベル）」「特定の語と韻を踏むか（音韻レベル）」「生き物かどうか（意味レベル）」判断する、という課題に取り組みました。「記憶する」ことを直接的に求めたこれまでの課題とはやり方が違いますね。この判断課題の後、参加者に提示された単語を思い出してもらったところ、意味レベル・音韻レベル・形態レベルの順に思い出された単語の数が多いという結果になりました。つまり、より深い水準で処理することによって記銘が促進されるということが分かったのです。

この結果は、ただ繰り返すだけの無精緻化リハーサルより、体制化や有意

味化といった精緻化リハーサルのほうが効率的に長期記憶に情報を転送できるということと矛盾しません。なぜなら，精緻化リハーサルを行うときには，無精緻化リハーサルのときより，単語の意味を考える「深い処理」を行うのでよく記憶できる，と解釈することができるからです。また，初頭効果が表れるのは，初めに提示される単語に対してはより深い処理が可能だという説明も可能でしょう。

1.5 記憶のモデルの精緻化

ここまで，1970年代までの研究を中心に記憶プロセスについての知見を紹介してきました。これらのモデルは，完全に否定されるのではなく，より精密なモデルとして進化し，現在の記憶研究の基盤となっています。

二重貯蔵モデルに関しては，短期記憶の機能についての研究が大きく進みました。すでにみてきたように，二重貯蔵モデルにおける短期貯蔵庫は「短期間の記憶貯蔵庫」であり，保持の機能に焦点が置かれています。しかし，一方で，私たちが普段取り組んでいる課題では，保持以外にもさまざまな処理が必要になります。

たとえば，図 1.7 に示された単語のうち果物の数を数える，という簡単な課題を考えてみましょう（齊藤，2000 をもとに作成）。読者の皆さんはどんなふうにこの課題に取り組みますか？ ただ「数えるだけ」の課題のようですが，すでにチェックしたものの位置を覚える，次の単語を読む，意味を理

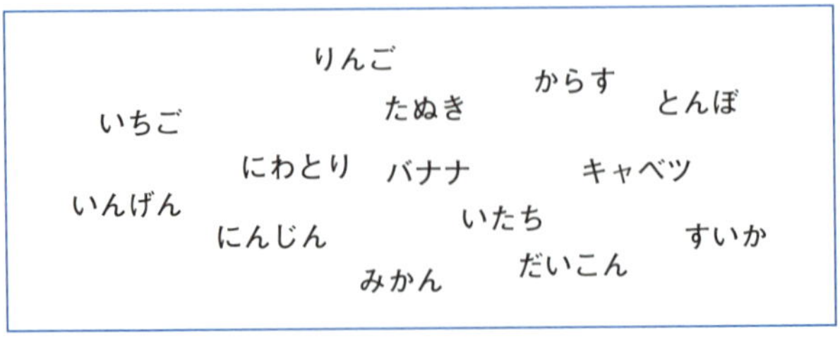

図 1.7　果物はいくつあるだろうか？（齊藤，2000 をもとに作成）

1.5　記憶のモデルの精緻化

解して果物かどうかを判断する，「いち，に……」と数をリハーサルする，などさまざまなプロセスが関わっています．単に情報を頭にとどめておく「貯蔵庫」ではこなしきれません．人間の記憶の仕組みを考えるためには，これらの情報処理を行うシステムを想定する必要があることが分かります．

　そこで，短期記憶は「感覚器官から入力されたさまざまな情報の処理を行う場所（コンピュータでいえばメモリとしての役割）」としてとらえられるようになってきました．この新しい短期記憶のモデルは「**作動記憶**（ワーキングメモリ；working memory）」とよばれています．

　作動記憶は，いくつかの異なる種類の情報の保持と制御を受け持つ「**従属システム**」とそれらを制御し，長期記憶の情報へのアクセスを行う「**中央実行系**」によって成り立っていると考えられています（Baddeley & Logie, 1999）．中央実行系はいわば「リーダー」としてどのような情報にアクセスするかを決定します．従属システムは，特定の情報にアクセスされたときに，そこでの情報を処理する役割を担います．従属システムのうち，代表的なものは「**音韻ループ**」と「**視空間スケッチパッド**」です．音韻ループは音韻情報（言葉や音）を処理するシステムで，視空間スケッチパッドは，視空間的情報（図や風景）を保持するシステムです．意味的記憶については，中央実行系が長期記憶内の情報にアクセスすることで課題遂行に用いられます．したがって，中央実行系によって注意が向けられて，意識することのできる情報の範囲を「短期貯蔵庫」と表現することもできるでしょう．先ほどの**図1.7** の課題にあてはめると，視空間スケッチパッドで位置情報を処理し，音韻ループが働くことで文字を音に変えて単語としての意味理解を可能にし，またこの音から単語の知識に中央実行系がアクセスする，というように表現できます．

　個々の従属システムに関しては，音韻ループの実験的な研究が進んでいます．齊藤（2000）は，音韻ループの働きが，言葉を聞き言葉を生み出すプロセスと重なり合っていると述べています．つまり，作動記憶が，他のさまざまな認知機能とかかわりを持ちながら働いていると考えられるのです．こう

した研究からは，これまでに述べてきた貯蔵庫のイメージとは違ってかなりダイナミックなものとして記憶がとらえられるようになってきたことが分かります。

　作動記憶を記憶メカニズム全体の一部として位置づけ，私たちが情報を受けとって記憶するか，耳から入った聴覚的刺激を処理する仕組みを例に考えてみましょう。図1.8は聴覚刺激がどのように処理されるかを示したものです。外からの情報の流れを処理するプロセスが，図の下から上へと進んでいきます。図の下のほうはかなり無意識に実行される処理を表しており，上の

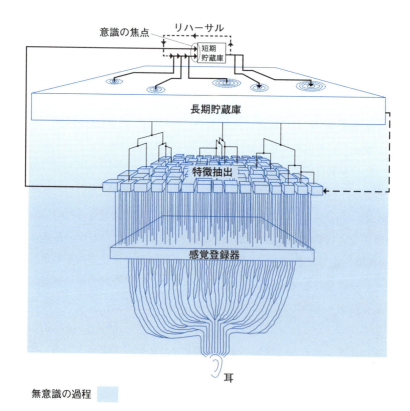

図1.8　聴覚的情報の記憶プロセス（スナイダー，2003を簡略化して作成）

1.5 記憶のモデルの精緻化

ほうに行くと自分で意識できる処理になっていきます。二重貯蔵モデルが想定するような「外部から受けとった刺激が短期貯蔵庫を介して長期貯蔵庫に入れられる」というプロセスは上のほうの左側の矢印で表されています。感覚登録器で特徴を分析された情報のうち，作動記憶によって注意を向けられたものが短期貯蔵庫に入ります。そこでのさまざまな処理を経て長期貯蔵庫に記銘されていきます。短期貯蔵庫から長期貯蔵庫につながる矢印がこの情報の流れを表しています。これとは別に，長期貯蔵庫から短期貯蔵庫に入力される方向での情報の流れも表現されています。これは，中央実行系が長期貯蔵庫内のさまざまな情報にアクセスしていることを表しています。長期記憶の情報を用いた処理がなされ，それが短期貯蔵庫での処理を経て新たに長期貯蔵庫に転送されていきます。つまり，二重貯蔵モデルで示されていた，「短期貯蔵庫」は作動記憶の中の意識されている情報を指し，「情報は必ず短期貯蔵庫を介して長期貯蔵庫に転送される」という原則は，「意識された情報」に関する原則ということになります。

　一方，図の中段に目を向けると，聴覚的刺激の特徴抽出と長期貯蔵庫内の情報が直接結びついていることが分かります。私たちは，聞こえた音や声を分析する際に長期貯蔵庫内の情報を使っていると考えられるのです。ただし，これは作動記憶によって制御されていませんから，意識することはできないというわけです。外から入ってきた情報に対して，長期貯蔵庫内の情報を使った分析をしていることは，長期貯蔵庫から特徴分析への矢印でも表されています。聞こえてきた音は，その物理的特徴だけから分析されるわけではなく，長期貯蔵庫に蓄えられた記憶のフィルターを通して処理されていると考えられます。また，入力された情報のうち意識されない部分が直接長期貯蔵庫内の情報と結びつき，情報が引き出されることで注意が向けられ，短期貯蔵庫に置かれるというプロセスも考えられます。特定の音（たとえばチャイムの音）を聞いて高校時代の友人を思い出したりすることがありますが，そのプロセスはこのように意識していない（短期貯蔵庫での処理をされない）情報が長期貯蔵庫の情報と結びついて短期貯蔵庫に情報を送るプロセスだと

いえるかもしれません。

1.6 まとめ

　ものを覚える仕組みは記憶のシステムとして研究されてきました。古典的なモデルでは，短期貯蔵庫での処理を経て長期貯蔵庫に保存される「二重貯蔵モデル」が提案されています。機械のように，入力された情報をそのまま録画・録音するのではなく，いろいろな形の変換処理がなされることが，人間の記憶メカニズムの特徴だといえます。よりよく「覚える」ためには，うまく長期貯蔵庫に転送できるようなよい方略を用いること（体制化や精緻化リハーサル，深い処理）が重要です。また，「忘れる」という現象は，「情報が頭の中から消えてなくなった」ことと同じではなく，想起の手がかりがないという状態とも考えられました。よりよく「覚える」ということはうまく思い出すための手がかりを見つけるということでもあるのです。近年の研究では，記憶はよりダイナミックなプロセスとしてとらえられるようになり，外部の情報に注意を向け入力された情報を長期記憶内の情報と結びつける，という活動を担う仕組みとして作動記憶の研究が進んでいます。

Q 1.1

人から電話番号を伝えられたがメモする紙がない！というときに，どうすればより確実に覚えることができるでしょうか。

memo

第1章　よりよく覚えるためにはどうすればよいか

 1.2

> 英単語テストで良い成績がとれない、と悩んでいる高校1年生のタケシ君にどんなアドバイスができるでしょうか。

memo

あなたが友人と映画について話しているとき，友人が「『明日に向って撃て！』の前日譚も映画になってるんだよ，ええと主演がトム……なんていったかな？」と主演俳優の名前を思い出せなくなりました。どうすれば友人が思い出すことを助けてあげられるでしょうか。記憶のメカニズムをもとに考えましょう。

memo

A1.1

　すぐに電話をかけるという状況であれば，短期貯蔵庫の中に維持することが重要です．とにかく口の中でブツブツ言って「リハーサル」を繰り返していればなんとかなりますね．しかし，少し時間が経ってから電話しなくてはならない場合には，別の方略が必要です．単なる「無精緻化リハーサル」では長期貯蔵庫に転送されませんし，時間が経ったり他の情報が入力されれば短期貯蔵庫からも電話番号の情報がなくなってしまいます．そこで「精緻化」が必要になります．電話番号であれば，チャンク化や有意味化が用いやすいと思われます．チャンク化を用いる場合は，たとえば，「＋81291239655」という番号のうち，「日本の国番号（＋81）」「茨城県の市外局番（29）」とまとめる，その後の数字を適当なところで区切ります．電話番号の表示は大抵何ケタかずつで区切って表示されています（「＋81-29-123-9655」のように）．これは，番号のチャンク化を助けるのに都合がいいように，書く側が配慮しているのだともいえるでしょう．それでも，上の番号の後半7ケタをそのまま覚えるのは骨が折れるかもしれません．こうしたとき，よく日本人がするのが語呂合わせという有意味化です．たとえば，上の番号の下7ケタに「イーニーサンクロゴゴ」と語呂を当て，「いい兄さん，苦労ゴーゴー」と（無理やり）意味のある（ような）言葉をつけることで長期記憶への転送を助けることができます．

　また，欧米では電話機の数字ボタンにアルファベットが振られています（図1.9）．『ダイヤルMを廻せ！』というヒッチコックの映画がありますが，これは数字の「6」に割り当てられたアルファベットです．このアルファベットの組合せで電話番号を覚えるということがよくされますが，これも有意味化の例といえるでしょう．図1.10は，JALの北米向けホームページです．「問合せ先」電話番号が「1-800-JAL-FONE」となっているのがお分かりになるでしょう．これは，数字に振られたアルファベット

解　説　　　　　　　　21

図 1.9　欧米の電話機

図 1.10　**JAL** の北米向けホームページ（2018 年 5 月 28 日閲覧。
　　　　出典：http://www.jal.co.jp/en/information/branch/ar/ar/）
Telephone の後の番号の表記に注目してほしい。

を組み合わせて覚えやすいようにしているのですね。このように，電話番号を覚える，と日常的な場面において，私たちは知らず知らずのうちに人間の記憶メカニズムから考えて合理的な工夫をいろいろしていることが分かります。

A1.2

　まずはタケシ君がどのようなやり方で英単語の勉強をしているかに注目する必要があります。多くの場合，単語を覚える，というような単純な課題は，「やればできる」「何分（あるいは何時間）取り組んだか」「何ページ進んだか」という量にのみ注目が集まりがちです。しかし，記憶のメカニズムからは，記憶方略が重要であることが分かりました。

　タケシ君は有効な記憶方略を用いて勉強しているでしょうか（答えはおそらく NO でしょう）。そこで，タケシ君にはまず，「『繰返しひたすらノートに書く，単語カードを見る』といった無精緻化リハーサルは効果が低い」ことを伝えましょう。納得してくれない場合は，本章にあげた実験をやってもらうのもよいかもしれません。納得したとすると次に出てくる言葉はきっと「分かったけどどうやって精緻化するの？　やり方が分からないよ」でしょう。ぜひ，精緻化の具体的なやり方を教えてあげましょう。単語を覚えるのであれば，「意味の似たものや同じカテゴリーのもの同士をまとめる」体制化がよく用いられますね。市販の単語教材も覚えやすいように体制化されていることが多いようです。

　また，具体的な行動や事物に関わる単語でしたら，イメージ化も有効でしょう。処理水準モデルからは，英単語と日本語のペアを機械的に覚えるよりも，単語の意味をしっかり理解しようとするほうが効果的であることが考えられます。イメージや具体例などで意味をとらえる方法を使うことが大切ですね。

A1.3

　「トム・ベレンジャーだよ」と教えてあげればいいじゃない，という問題ではありません（そもそもあなたが知らなければ教えてあげられませんね）。このお友達のように「喉まで出かかっているんだけど」「思い出せそうで思い出せない」という状況は **Tip Of the Tongue 現象**（TOT 現象）とよばれています。このようなとき，答えを自分で言うことはできなくても，示されたものの正誤は判断できます。つまり，あなたが思いつく限りの俳優の名前をどんどん言っていけば，「違う」とか「そう，それだ！」とか判断することはできます。ですから，「トム・ベレンジャー」という人物名はお友達の長期貯蔵庫の中には保持されていると考えられます。本章で説明した「干渉」や適切な検索手がかりの不在が原因で，保持されているが想起できない，という状況になっていると考えられます。ここでできることは，検索手がかりを見つける手伝いをすること，だといえるでしょう。他にどんな映画に出演していたか，有名なエピソードは何か，などその俳優に関する情報を尋ねることで，適切な検索手がかりに行き当たる可能性を高めることができます。インターネットで調べればすぐにわかるじゃない，と言われてしまいそうですが，思い出せなくなった人の名前がいつも有名な俳優の名前だというわけではありません。「先週の飲み会で紹介されたあの人」や「仕事で知り合ったあの人」の名前を忘れてしまうことだってあります。頑張っても適切な検索手がかりを見出せない場合もありますが，インターネットだけでなく，自分の頭の中（や友人の頭の中）をうまく検索する練習をしておいたほうがよさそうです。

第2章 「イヌ」って何？
──知識の構造

「イヌ」と言われて何を思い出しますか？「小さい頃飼いイヌのムクと遊んだ記憶」を想起することもあれば，場面によっては，「哺乳類である，ペットにされることが多い」といった知識を思い起こすこともあるでしょう。第1章ではこうした記憶のタイプの違いをあまり意識しませんでした。実験室で特定の経験をして（無意味単語を覚える）それを思い出せるか試してみる，というのは，知識を獲得するプロセスを意識しているものの，自分の経験の記憶という側面も強く現れているといえそうです。タルヴィング（Tulving, 1972）はこうした記憶のタイプを区別し，経験の記憶を エピソード記憶 ，多くの人に共有される知識を 意味記憶 とよびました。本章ではまず，私たちの知識（上の例でいうなら「イヌとは何か」に関する記憶）である意味記憶に注目してみましょう。

2.1 知識はどのような形をしているのか

私たちは，「今，目の前にあるもの」だけでなく，存在しないものや抽象的な概念について考えたり，話したりすることができます。たとえば，目の前にイヌがいなくても，「イヌを飼うべきかどうか」を家族で議論することができますね（「飼うべきでない」と考えている親が「いないものについては考えられない！」ということはあるかもしれませんが，それ自体，いないものについて考えている証拠といえるでしょう）。このように，そのものがなくても頭に浮かぶ対象を「心的表象」とよびます。つまり，心的表象とは「目の前に現前するもの（presentation）に対して，目の前にないものごとを頭の中で再現したもの」（子安，1996）と定義されます。例にあげたように，目の前にいない「イヌ」という概念の心的表象を家族みんなが持っているために，私たちは目の前にいないイヌについて考えることができるのです。

では，この心的表象はどのようなものなのでしょう。「イヌ」と言われて

頭に浮かぶのは絵や写真のようなイヌのイメージでしょうか。それとも「しっぽがある」「足は4本」といった言語的な記述でしょうか。全体的な形や毛の質感などは，言葉ではなく，絵のようなイメージで理解し記憶しているように思えます。しかし，全体的な形や毛の質感が頭の中でどのように見えているか，について客観的に知ることは困難です。「ほら，丸くて柔らかくて……」というように言語的に表現することができる以上，イメージ（だと私たちが思っているような形）の心的表象が存在しないと考えても不都合はないように思われます。たとえば，コンピュータが絵や図を保存する際には「全体的に絵として」とらえるのではなく，位置を示す記号とその色を示す記号の組合せを用います。人間の頭の中もそのようなものだといえるでしょうか。

　この「人間の知識は言語的に表されるのか，イメージの表象が存在するのか」という問いは，1970年代に盛んに議論され，「**イメージ論争**」とよばれました。さまざまな実験から，イメージ表象を想定するほうが人間の知識のあり方として適切だということがわかってきました。たとえば，シェパードとメッツラー（Shepard & Metzler, 1971）は，立方体を10個組み合わせた立体図形を左右に2つ提示し，一方を回転させるともう一方の状態になるかどうかを判断させる，という課題を用いて実験を行いました（**図2.1**）。このとき，実験参加者は「できるだけ速く正確に」答えるように指示されます。判断にかかった時間を計測すると，大きく回転させた場合よりも，少しだけ回転させた場合に判断が早いことがわかりました。この結果から，参加者は，実際にモノを手に持って眺めているときのように，頭の中で図形を動かして考えていたと考えられます。また，コスリンたち（Kosslyn et al., 1978）の実験では，実験参加者に架空の島の地図（**図2.2**）を示し，どこに何があるかを覚えてもらいました。その後，地図がない状態で，ある地点をイメージしてもらい，別の目印となるようなものが島にあるかどうかを判断させました。その結果，たとえば，「小屋」があるかどうかを確認してもらった後で「井戸」があるかどうかを尋ねた場合には，「草原」があるかどうかを尋ねた

2.1 知識はどのような形をしているのか

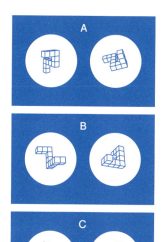

図 2.1 シェパードとメッツラー（1971）が用いた画像の例
A：左の図形を横に 80 度回転させると右の状態になる。
B：左の図形を奥に 80 度回転させると右の状態になる。
C：左の図形をどのように回転させても右の状態にはならない。

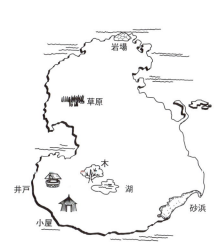

図 2.2 コスリンたち（1978）が実験で用いた地図

場合より早く回答できることが分かりました。つまり，地図上の距離が離れているほど，確認するのに時間がかかったということです。この結果から，実験参加者が頭の中で地図をイメージとして再現し，「小屋」からスタートして「井戸」や「草原」を探したためにこのような結果が得られたと考えられます。つまり，私たちの記憶には，図形や地図の位置のように，距離などの空間的な情報を持つイメージとしても表象されていると考えることができるのです。

　ただし，一度見た映像をそのまま写真のように保存するというわけではなく，見たもの聞いたことに意味づけをし，イメージとともに保存しているので，意味によってイメージが変形することもあります。私たちの知識は，このように言語的に示される意味と，絵のようなイメージの両方が組み合わせられているのです。これを，ペイヴィオ（Pavio, 1986）は「二重符号化理論」としてまとめました。人間の情報処理に言語的システムと非言語的システムを想定し，お互いに影響を与え合っていると考えるのです。言葉だけで説明されるより，図などを示してもらうとよく理解できた，という経験はありませんか？　これは，図などの画像情報を見たときには，非言語的システムとそれに意味づけする言語的システムの両方が働くためだと考えられます。また，抽象的な対象よりも具体的な対象のほうが早く記憶できることが知られています。これも，具体的なものについては言語だけでなく非言語の表象も使うことができるから，と二重符号化理論から説明ができます。このように，私たちが「知っている」というときには，言語だけでなくイメージも重要な役割を果たしていると考えられるのです。

2.2　概念とカテゴリー

　さて，ここで図 2.3 を見てみましょう。(a) の写真を見ても (b) のイラストを見ても，私たちは「イヌだ」と認識しますね。では「イヌである」と分かるというのはどのような仕組みなのでしょうか。認知心理学ではこれを

2.2 概念とカテゴリー

「カテゴリー」と「概念」の問題として取り上げます。どちらも分かりにくい言葉ですが，「イヌ」と言われたときそれに当てはまる事例のグループを「カテゴリー」，そのカテゴリーに含まれる事例の共通した特徴や性質を抽象化してとらえたものを「概念」と理解しておきましょう（河原，2002）。つまり，写真とイラストでは異なる特徴をたくさん指摘することができますし，一匹一匹のイヌはそれぞれ異なりますが，個々の対象の特徴（毛が短い，耳が立っている，など）をある程度切り捨てて抽象化されたレベルで対象をとらえるのが「概念」です。そしてその概念に含まれる対象のグループがカテゴリーとよばれているのです。したがって，私たちの意味記憶は，概念とカテゴリーによって成り立っていると考えることができます。つまり，図 2.3 の写真とイラストは，いずれも抽象化した「イヌ」概念にまとめられるカテゴリーのメンバーだというふうにとらえられるのです。では，私たちはどうやって概念とそのカテゴリーを作り出しているのでしょうか。

(a) (b)

図 2.3 写っているのは／描かれているのは何か

2.2.1 定義に基づくカテゴリー

学術用語のような人が作った概念カテゴリーについては，明確な定義を示すことができます。たとえば，"意味記憶" "三角形" "沸点" などの概念については，明確な定義を示すことができますね。この場合，概念＝定義，カテゴリー＝定義に従う事象・対象というシンプルな関係が成り立ちます。

では，私たちが日常的に目にするモノのカテゴリーについても，同じように定義をはっきり示す，ということができるでしょうか。たとえば，「イヌ」の定義は？　足が4本ある，しっぽがある，「ワン」と鳴く，というように共通する特徴を並べればそれが定義になるでしょうか。しかし，図2.3に描かれているものが，「にゃー」と鳴いたら，「『イヌ』なのに，にゃーと鳴くなんておかしいよ」と思うのではないでしょうか。「イヌ」を定義するのは難しいことが分かりますね。

このように定義を示すことが困難な例は，「イヌ」だけではありません。有名な例としては「ゲーム」があります。ゲームという概念が含むさまざまな具体例（野球などのスポーツ，チェス，テレビゲームなど）を網羅し，しかも「ゲームではないもの」と区別するような定義を作成することはほとんど無理といってよいでしょう。しかし，それにもかかわらず私たちは「ゲームを知っている」のです。

このように，私たちはすべてのカテゴリーを「明確な定義に基づいて」理解しているとはいえないようです。では，何にもとづいてカテゴリーを理解しているのでしょう。代表的な3つの理論を紹介します。

2.2.2　プロトタイプ理論

「プロトタイプ」とは，その概念の典型的な特徴を集めた抽象的な表象を意味しています。いわば，さまざまな事例の平均的なイメージを作り，それをもとにカテゴリーを構成している，という考え方をプロトタイプ理論とよびます。プロトタイプによって，カテゴリーの典型例を素早く処理できることやあいまいな事例が存在することを理解できます。つまり，プロトタイプにより近いものであれば典型的な事例と判断できますし，複数のプロトタイプに同じくらい似ていれば「あいまいな事例」と判断されます。そして，典型的でプロトタイプによく合致するものは素早く処理できるのです。

また，プロトタイプ理論は，カテゴリーについて人が「典型的な例」をあげやすいことをよく説明します。たとえば，「鳥の例をあげてください」と

言われてペンギンやダチョウを初めにあげる人は少ないでしょう。きっと，スズメやカナリアのような「より鳥っぽい」例をあげるのではないでしょうか。スミスたちの実験 (Smith et al., 1974) では「ダチョウは鳥ですか？」と尋ねた場合と「カナリアは鳥ですか？」と尋ねた場合では，カナリアのようにより典型的なものほど回答にかかる時間が短かったことが示されています。プロトタイプ理論は，同じカテゴリーに属する事例についてより想起しやすいものとそうでないものがあるという現象を説明できるという点で優れているといえそうです。

　しかし，プロトタイプ理論の弱点は，文脈によってカテゴリーの典型例が異なるような，私たちの知識の柔軟性をうまくとらえられない点にあります。

　私たちの概念とそのカテゴリーは，ガッチリと固定されているわけではなく，発達や状況・文脈によって変化するのです。「クジラ」は生物学的な定義としては哺乳類ですが，多くの子どもが「魚」と考えています。また，子ども服と食器のように，もともとは別のカテゴリーであったものが，「フリーマーケットに出品されるもの」のような1つのカテゴリーに後づけでまとまることもあります。上にあげたような「典型的な例」も時と場合によって異なります。金魚が「魚」カテゴリーの典型例と考える人は少ないですが，ペットショップという文脈を与えられた場合は，金魚はかなりの典型例といえますね。

　プロトタイプで判断していると考えると，このようなすべての状況や場面における「プロトタイプ」を作っていることになりますが，そうすると必要なプロトタイプの数は膨大になってしまいます。はたしてそのような効率の悪いシステムで私たちは概念とそのカテゴリーを理解しているのでしょうか。

2.2.3　事例理論

　プロトタイプ理論ではさまざまな具体例の平均像を作り出すことを仮定しましたが，事例理論ではそのような抽象的な表象を想定せず，個々の事例の集合が概念だと考えます。「類似性に基づいてカテゴリーを構築する」とい

う点はプロトタイプ理論と共通していますが，事例理論では，「海にいる魚」と「ペットの魚」のプロトタイプを別々に作ったり想起したりする必要がありません。「海にいる魚」「ペットの魚」について，各自が自分の記憶から想起した事例に基づいて，対象を理解すればよいということになるので，プロトタイプ理論の弱点をうまく克服できそうです。

しかし，プロトタイプ理論と事例理論のように類似性によって概念理解を説明するモデルには共通した弱点が残ります。たとえば，無数にある特徴の中から注目するところをどのように選んでいるのか，はっきりしません。「車」と「電話機」には相違点がたくさんあります（大きさ，エンジンの有無など）が，それと同時に共通点もたくさんあります（人間が使う，ボタンが複数ある，自発的には動かない，など）。このうちのどれが重要で類似性の評価に値するものなのかを判断する基準について，これらの理論は説明できません。類似性にのみ注目した理論では，このように，カテゴリーの一貫性やカテゴリー間の関係性を説明するには不十分だといえます。

2.2.4 説明に基づく概念理論

プロトタイプや事例の「類似性」ではなく，概念がどのように「説明されるか」に着目したのが説明に基づく概念理論です（Murphy & Medin, 1985）。この理論では，概念の関係や構造が重視されるという点が特徴的です。たとえば，「小さい」「環境の変化に強い」「色が鮮やかで美しい」というペットとするのに適した性質を持った魚として「金魚」が事例とされる，というように考えます。つまり，「そのカテゴリーのメンバーとなるのはどのような特徴を持つものか」という「説明」に合致するものがカテゴリーの事例として選ばれると考えるのです。説明に基づく概念理論は，「フリーマーケットに出品するもの」のような目的に応じて構成されるカテゴリーもうまく説明できます。こうしたカテゴリーでは，類似性に基づいてカテゴリーの判断をすることができません（子ども服と食器の類似性はどこにあるのでしょう？）。「誰かにとって不要」「他の誰かにとって必要」という説明はこのカ

テゴリーの事例をうまく説明できるはずです。このように，説明に基づく概念理論では，私たちがモノを理解するということは，もっと目的的で本質志向的なのだと考えます。

では，説明に基づく概念理論の「説明」はいったいどこからくるのでしょうか。マーフィとメディンの研究（Murphy & Medin, 1985）では，はじめは素朴な見た目からスタートし，徐々に洗練されていくと考えられています。たとえば，クジラを「魚」だと思っていた子どもが，より本質的な特徴として「哺乳」や「胎生」を学んで「魚ではなく哺乳類だ」と概念のカテゴリーを変化させることを考えると，これはすんなり納得できるように思えます。

しかし，ここであげたような「本質」や「説明」と「概念」はどこが違うのでしょうか。説明に基づく概念理論は，堂々巡りに陥る可能性が指摘されています。「説明」を生むのは何かという点が明確にされず，「説明によって概念が理解される」ということは「概念によって概念が理解される」ということと同じ意味になってしまいます。

このように，主要なモデルのいずれも単独で人間の概念とカテゴリーの構築を説明することはできないようです。それぞれのモデルが得意とする状況があり，私たちはいくつかの異なるやり方で概念を把握しカテゴリーを構築しているといえるのかもしれません。

2.3　知識はどのように保存されているか

上で述べたように，概念とそのカテゴリーがどのように構築されるのかはわかっていないところもあるのですが，類似性や説明などによって構築される，というようにひとまず理解しておいて，次のステップに話を進めます。その概念のカテゴリーどうしがどのように結びついているのか，という問題について考えてみましょう。

私たちは比喩的に「引き出しの多い人」という言い方で知識をたくさん持つ人をほめることがあります。しかし，認知心理学の研究からは，私たちの

頭の中にあるのは引き出しというよりネットワークと考えるほうがよさそうだ，ということを表す知見が積み重ねられてきました．

2.3.1 記憶のネットワーク

ネットワークモデルをはじめに提唱したのはキリアンたち（Collins & Quillian, 1969）です．キリアンがはじめに提案したのは，コンピュータに保存される情報の表現方法でしたが，それを人間に適用したのが図 2.4 に示した 3 層モデルです．このモデルでは，それぞれの階層で示される概念のカテゴリーが，複数の「属性」を伴っていることを表しています．「属性」はその概念カテゴリーのメンバーが基本的に持つ特徴や性質のことです．たとえば，「鳥」という概念のカテゴリーに含まれる対象は「翼」「飛ぶ」「羽毛」という属性をもっていることが示されています．

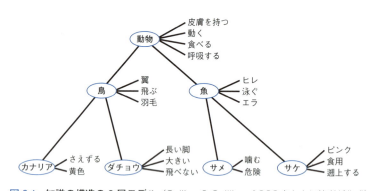

図 2.4　知識の構造の 3 層モデル（Collins & Quillian, 1969 をもとに筆者が作成）

そして，各概念はネットワークのノードになっており，他の概念とリンクによって結びついています．図 2.4 からは「鳥」は「動物」「カナリア」と結びついているのが分かりますね．ここで，ある概念にかかわる情報を検索しようとするとき，検索する概念のノードにたどり着くのに必要なリンクの距離が長くなると，それだけ時間がかかります．実際，「カナリアは鳥であ

る」という文と「カナリアは動物である」という文の正誤判断にかかる時間は，後者のほうが長くなりますが，これは，3層モデルで表現されるリンクの距離でうまく説明ができます。

このモデルをさらに拡張したのがコリンズとロフタス（Collins & Loftus, 1975）が提案した「**活性化拡散モデル**」です。このモデルでは，概念をノードとしてそれらをリンクで結ぶという「ネットワーク」表現と，検索時間はリンクをたどる距離に比例する，という2つのアイデアを3層モデルから引き継いでいますが，概念の上位―下位ではなく，意味の近さによって配置が決められています。

このモデルのもとでは，ある概念が想起されるのはその心的表象が「活性化」されるからだ，と考えます。十分に活性化されると，その概念を想起することができますが，活性化が不十分だと想起されません。

ここで，連想ゲームをしてみましょう。提示された語から連想する言葉をあげていってみてください。スタートは「トラック」です。「トラック」と聞いて思い浮かべた言葉はなんでしょうか？　次に頭に浮かんだのは？　おそらく多くの人は「バス」など他の乗り物をあげたのではないでしょうか。「車」や「自動車」といった上位の概念をあげた人もいるかもしれません。これは，「トラック」という概念が提示されたことで，活性化がネットワークをつたって伝播していく現象としてとらえることができるのです。

図 2.5 はこのような意味の近さに基づいたネットワーク表現の例です（Collins & Loftus, 1975）。トラックなどの車カテゴリーのように，リンゴ・ナシ・サクランボといった果物カテゴリーに含まれる概念は互いに近い距離に配置され，短いリンクでつながっています。このように，同一の上位カテゴリーのもとに位置づけられる下位のカテゴリーどうしは意味的に近いものとして配置されています。ですから，そこに含まれるカテゴリーのメンバーが提示された場合には，速やかに活性化が広がり想起されやすくなることを示しています。異なる概念のカテゴリーどうしも，それぞれの概念が共有する属性を通じて間接的につながっています。たとえば，車カテゴリーと果物

カテゴリーは「赤」という色を仲介して間接的につながっていますが，ナシとトラックの間は距離が遠いため活性化が伝わらず，連想されにくい（あるいは連想されない）と予想できます。また，この概念ネットワークでは，上位—下位という区別がされていないことも特徴といえます。「車」「自動車」といった上位のカテゴリーと「トラック」や「救急車」という下位のカテゴリーが区別されずに連想関係のリンクによってつながっているのです。

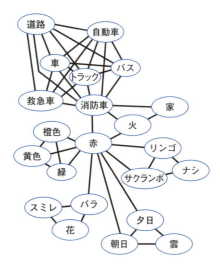

図 2.5　**意味記憶のネットワーク**（Collins & Loftus, 1975）

　また，私たちの知識のネットワークは，「意味」だけで構成されているわけでもなさそうです。たとえば，言葉が持つ「音」の特徴も情報として同じようにネットワーク化されています。実際私が5歳の娘に「トラックって聞いたら何を思い浮かべる？」と尋ねてみたところ，彼女は「トックリ！」「トリップ！」と答えました。彼女は「意味」ではなく「音」の連想から自分の知識を引き出していたのですね。

2.3.2 私たちが知識を「思い出す」とき

私たちの知識が上にあげたような連想関係に基づくネットワークによって構築されているとすると，記憶に関わるさまざまな現象をうまく説明することができます。

たとえば，事前に見聞きした情報によって，知識ネットワークが活性化され，その後の情報処理が影響を受けることが知られています。これは「**プライミング効果**」とよばれる現象です。メイヤーとシュヴァンヴェルト（Meyer & Schvaneveldt, 1971）は，提示した単語が本当にある単語かどうかを判断させる際に，意味的に関連するペアで提示した単語は早く判断され，無関連なペアで提示した単語は判断が遅くなることを見出しました。たとえば「バター（butter）」という単語が「単語である」と判断するのにかかった時間は，「パン（bread）」と一緒に提示したときに早く，「医者（doctor）」と一緒に提示した場合に遅かったのです。これは，先に関連する単語（パン）を提示されたことで概念ネットワークで活性化が広がり，「バター」が想起されやすい状態になっていたためだと考えられます。他にも，「きいろ」「あか」と提示した後で「み■り」と提示すると，素早く「みどり」が想起されるのもプライミングとしてよく知られた現象です。この場合，「みはり」でも「みのり」でもなく「みどり」が想起されるのは，色カテゴリーに属する単語はネットワーク内の距離が短いため，「きいろ」「あか」といった単語によって活性化されやすく，想起されやすくなっていたためだと考えられるのです。

また，第 1 章で「**符号化特定性原理**」（Tulving & Thomson, 1973）について説明しましたが，特定の知識を想起するときにその知識を獲得した（記銘段階の）環境が影響するということは，知識のネットワークと経験の記憶（エピソード記憶）のネットワークが関連し合っていると考えることもできます。環境内の対象と獲得した概念が共通の経験を介して結びつき，想起されやすくなるということが考えられるのです。

2.4 まとめ

　私たちが何かを理解するということは，その対象についての心的表象を持ち，概念カテゴリーを構成するということです。概念カテゴリーを構成するメカニズムは類似性に基づくモデルや説明に基づくモデルなどいくつか有力なモデルが提案されていますが，まだ分からないことも多く，とくに柔軟なカテゴリー構成をうまく説明できるような単一の理論はなさそうです。知識は，概念が連想関係に基づくネットワークの形で保存されたものとして表現され，それが意味記憶とよばれます。活性化拡散理論のもとでは，概念はネットワーク状につながりあっており，距離が近いものほど活性化が伝わりやすく，十分に活性化された概念が「想起」されるという仕組みが考えられています。そのため，同じ上位概念のカテゴリーに属する単語が提示されると，近い距離でつながっている同じ上位概念のカテゴリーに属する単語が思い出されやすくなります。こうした活性化拡散は意味記憶のネットワークに限定されたものではなく，経験の記憶ともつながっていると考えられます。そのため，記銘時点や想起時点での経験から特定の意味記憶が引き出されやすくなります。

Q 2.1

あなたが学校の先生だと想像してみてください。授業の内容を生徒によく理解させるためには，どのような教え方をするとよさそうですか？本章の内容をもとにポイントを2つあげて，具体的な指導方法を考えてみましょう。

memo

2.2

第1章で紹介したような，単語のリストを示してそれを記憶させる実験をしたときに，「ベッド」「休息」「夢」「起きる」というリストを聞かせたところ，参加者の多くがリストになかった「眠る」という単語を間違って再生しました。なぜこのような現象が起こったのでしょうか。意味記憶のネットワークの観点から説明してください。

memo

A 2.1

　まず，意味記憶はネットワークになっている，というのが重要なポイントでしょう。「一夜漬け」が功を奏さないのは，多くの場合（時間の不足により）概念同士のネットワークを構築することに失敗するからです。他の概念と切り離された概念のノードには，活性化が伝播しません。活性化が伝わらない情報は，たとえ頭の中に保存されていたとしても，想起されませんから，「必死で覚えたのにすぐに忘れる」ことになります。「645年　大化の改新」とか「coordination，対等・整頓」とひたすら繰り返すのは一見簡単そうにみえますが，ネットワークを作るという意味ではあまり効果がありません。歴史であれば因果関係，英単語であれば語の成り立ちや他の語との関連を理解することで，意味記憶のネットワークにたくさんのリンクができます。リンクができることで，想起しやすくなるのです。

　このように考えると，第1章で説明した「精緻化リハーサル」が再生成績を高める理由をネットワークモデルから説明できることがわかるでしょうか。精緻化することは検索手がかりを増やすことだ，と説明しました。検索手がかりが増える，ということはネットワークモデルでいうと，その概念につながったリンクが増えること，と考えることができますね。

　また，「言語的システム」と「非言語的システム」をうまく使うのも大切です。言語情報だけでなく非言語情報（イメージ）を使うことで記憶が促進されますが，非言語情報をそのまま写真のように記憶するのではなく，言語と関連づけることに効果があります。ですから，たとえば，「1次関数のグラフ」を説明するときに，ただグラフを描いて示すだけでなく，「交点は0である」「傾きが0より大きければ右上がりのグラフになる」といった言語的な記述を明確に示すことは，生徒が情報を意味づけるのを助けるでしょう。ただし，生徒が先生の説明を「自分が情報を意味づけるため」のものとしてみていないと効果は小さくなります。生徒たちが自分で

意味づける活動を取り入れたり，意味を問う試験を実施したりするほうがよいかもしれません。

記憶のネットワークは，時に「見ていない情報」を「見た」と考える勘違いを引き起こします。これを**虚記憶**とよびます。ローディッガーとマクダーモット (Roediger & McDermott, 1995) は，まず特定の単語（たとえば「眠る」）に関連する単語のリストを参加者に聞かせます（ベッド，休息，夢，起きる）。このとき，ターゲットとなる特定の単語は提示されません。しかし，事後に「リストで提示された単語を思い出してください」と参加者に指示すると，多くの参加者が提示されなかったターゲットの単語（「眠る」）を誤って再生します。また，こうして再生された虚記憶は，本当に提示された情報と同程度に長く記憶に維持されました。これは，提示された単語によって，ターゲットとなった単語の活性化が高められたために生じた現象だといえます。

では，虚記憶が生じないようにすることはできるのでしょうか。実は，これはとても困難です。単語を音声で聞かせるのではなく，文字や描画で提示したり，参加者自身に発声させたりすることで虚記憶が生じにくくなることが示されましたが，それでも多くの人が「誤って」関連語を再生してしまいます。虚記憶が生じる可能性があることをあらかじめ参加者に知らせることには一定の効果がありますが，それでもかなりの率で虚記憶が生じます。構築された知識ネットワークにおいて，意識的に活性化の拡散を止める，ということはかなり難しいということが分かりますね。

「ショックな出来事はよく覚えている」は本当か？
——出来事や経験の記憶

　第2章では私たちの知識である「意味記憶」に注目しましたが，日常生活において，私たちが「記憶」を話題にするときには，「思い出」や「経験談」を意味することが多いですね。こうした時間や場所が特定的な経験に関する記憶を「エピソード記憶」とよびます。第1章で紹介した実験でも，単語や文字列を用いて「個人の経験した内容に関する記憶」について研究してきたといえます。しかし，私たちの経験は普通，ランダムに並んだ数字や文字列といった「無意味」な題材から構成されてはいません。本章では，私たちが日常で経験するような（あるいはショッキングな）出来事をどのように記憶するかについて取り上げていきます。

3.1　意味のある内容の記憶

　「有意味」な題材を用いたエピソード記憶の研究を始めた研究者としてはバートレット（Bartlett, 1932）が有名です。バートレットは，物語や絵を実験参加者に示し，それを繰返し再生してもらう**反復再生法**や，複雑な物語を他の人に伝達していく**継時的再生法**を用いて記憶の再生がどのように変化するかを検討しました。その結果，簡単な材料でも，話がより短く，具体的になる傾向があることや，言い回しが現代的に変更されるようになることがわかりました。そればかりか，登場人物や内容が大きく変化していくことが見出されました。この結果からは，記憶の再生が，レコーダーに録音した情報を再生するのとは違っていることがわかります。固定された記憶を活性化して思い出すだけではなく，いくつかの事実に基づいて他の部分を推量していく「再構成」のプロセスが生じているのです。この再構成は，あてずっぽうになされるのではなく，過去の経験から作り上げた枠組みに従って行われると考えられます。

　このような記憶の再構成は，実験場面でだけみられる現象ではありません。

多くの研究が，出来事や経験についての私たちの記憶が，再構成されたものであることを示しています。

3.2 日常的記憶の再構成

　私たちが日頃体験する出来事や経験についての記憶研究は，「日常記憶」研究とよばれます。また，自分自身の行動や経験についての記憶の蓄積をとくに「自伝的記憶」とよぶこともあります。こうした記憶の研究では，アルファベットや数字の羅列ではなく，私たちが「記憶」と言われてまず思い浮かべる「昨日の出来事」のような内容を扱おうとしています。

　まず，日常的によく目にするものの記憶について考えてみましょう。あなたは今朝起きてから家を出るまでに見たもの，経験したこと，についてどのくらい「記憶している」でしょうか。「毎日見ているものならよく覚えているはずだろう」と言いたくなりますが，実際には私たちは「毎日見ているものをよく覚えてはいない」ことが分かっています。

　ニッカーソンとアダムス（Nickerson & Adams, 1979）の実験では，アメリカ人の参加者に1セント硬貨の模様を描くという課題を出しています。アメリカ人の参加者にとって，1セント硬貨は「毎日見ているもの」の代表といえるでしょう。しかし，正確に1セント硬貨の模様を描くことができた参加者はとても少ないことが分かりました。ニッカーソンたちの実験では，15の選択肢の中から1セント硬貨を選ぶという課題を出していますが，この課題でもおよそ半数の参加者が正しい選択肢を選ぶにとどまりました。皆さんは1円玉（あるいは10円玉）の模様を正しく描くことができるでしょうか？やってみると意外に難しいことがお分かりになると思います。

　なぜ私たちはよく見ているはずのものを想起するのに失敗するのでしょうか。ヒントになりそうな研究として，ブルワーとトレイアンス（Brewer & Treyens, 1981）の実験をあげましょう。彼らの実験では，実験参加者に「実験開始までお待ちください」と言って「大学院生の部屋」に少しの間でも

らいました。ちょうど図 3.1 のような部屋です。参加者はその後，別室に移り，「先ほどの大学院生の部屋にあったもの」をできるだけ多く再生するよう求められました。この実験では「覚えてほしい情報」を指定するのではなく，とくに記憶しようと努力していない情報の記憶に注目しています。日常生活の中では覚えるべき情報が指定されているわけではありませんから，この実験がより日常場面に近いことが分かりますね。

図 3.1　「大学院生の部屋」の様子（Brewer & Treyens, 1981 をもとに筆者が再構成）

さて，参加者は部屋にあったものをどのように記憶したのでしょうか。まず，実際に部屋にあって再生されたもの（正解）のうち，再生される頻度の高かったものは，「いかにもその部屋にありそうなもの」か「その部屋にはありそうもないもの」のいずれかであることが分かりました。「いかにもありそうなもの」としては机やタイプライターがあげられ，「その部屋にはありそうもないもの」としては頭蓋骨の模型やコマなどがありました。また，実際にはなかったにも関わらず再生されたもの（不正解）は，そのほとんどが「いかにもありそうなもの」（本やペン）でした。

　この結果からは，私たちが日常的に見ているものの記憶について，2 つの

ことが推測されます。まず，「いかにもありそうなもの」が正解・不正解ともに多く再生されたことからは，参加者が「実際に見たもの」を思い出していたというより，「大学院生の部屋」を頭の中で構成し直して，それにしたがって答えていたと考えることができそうです。

　この「いかにもありそう」「○○とはこういうものだ」というイメージや知識のことを「スキーマ」とよびます。「スキーマ（schema）」は「概要」と訳されますが，情報の大きな枠組みを指す言葉と理解してください。私たちは似たような経験や類似した出来事を繰返し経験する中で，その共通部分をまとめた記憶の枠組みを作ります。これを認知心理学では「スキーマ」とよんでいるのです。「大学院生」や「大学の部屋」に関するさまざまな経験の中で共通した部分や類似した部分が，私たちの「大学院生の部屋」スキーマを構成します。

　スキーマは，場所のようなイメージだけでなく，行動にも作られます。行動についてのスキーマをとくに「スクリプト」とよぶこともあります。たとえば，「ピクニックに行きましょう」と誘われれば，私たちはとくにその詳細を尋ねなくても「お弁当を作ること」や「自然豊かな場所に歩いて行くこと」を思い浮かべることでしょう。これは，実際にピクニックに行ったり，ピクニックに行く場面をテレビで見たりしているうちに，「ピクニック」のスクリプトを私たちが構成したためだと考えられます。

　ピクニックとは何をすることなのかをいちいち説明しなくてもお互いに分かりあえるのは，スクリプトがあるからです。ですから，スキーマやスクリプトのような一般化された知識を持つことは，私たちの日々の暮らしを楽にしてくれるといえます。スキーマに合致する情報に注目することで，情報処理がより楽にできるようになるのです。しかし，こうしてスキーマを利用することにより，「事実についての記憶を再生した」というより，「スキーマにある『いかにもそれらしいもの』をもとに記憶を再構成した」ということも起こるようになります。実際にはなかったものが「大学院生の部屋にあったもの」として再生されたのは，実験参加者がスキーマに基づいて「大学院生

の部屋」の記憶を再構成したためだと考えられます。

次に、「その部屋にはありそうもないもの」が多く正解として再生されたことからは、意外性を感じたり注意をひかれたりしたものについては、意識的な符号化や精緻化が行われるのだと考えられます。頭蓋骨の模型が目に入ったら「心理学と脳科学は関係があるのだろうな、そのような研究をしている大学院生の部屋に違いない」と考えたり、コマを見て「大学院生に子どもがいるのかな、もしかすると、大学院生の趣味なのかな」と想像したりするでしょう。これは、「深い処理」をしたことになります（第1章の処理水準モデルを思い出してください）。こうした処理によって「ありそうもないもの」の記銘が促進されたため、再生される確率が高かったのだと思われます。1円玉を（よく知っているものなのに！）思い出せないのは、こうした特別な処理を日頃しないためだと考えられるでしょう。

このように、私たちの日常経験の記憶は、その多くが「いかにもそれらしいもの」は何かという一般的な知識やイメージ（スキーマ）に基づいていて、スキーマによく合致するものや、スキーマから大きく外れたもの以外は実はよく覚えていないのが実態のようです。したがって、目にしたものや経験したことを記憶する仕組みは、ありのままを記憶するビデオや写真とはずいぶん違っているといえます。もともと持っているスキーマのフィルターを通して、一部を強調したり、見過ごしたり、ない部分を補ったりした結果が、私たちの記憶なのです。

3.3 特別な出来事の記憶

一般に私たちは、衝撃的な出来事など感情が強く揺り動かされた場面を「よく覚えている」と感じます。たとえば自分の結婚式での出来事や事故に遭った経験などは、「目に鮮やかに思い浮かべることができる」と感じるのではないでしょうか。犯罪や事故などの辛い体験をした人の中には「思い出したくないのにその場面がありありと浮かんでしまう」という経験に苦しん

でしまう人が少なくありません。このように，重大で感情を強く動かされた出来事についての非常に鮮明な記憶のことを，「フラッシュバルブ・メモリー」とよんでいます。フラッシュバルブは写真撮影で用いられた照明のことです。まるでフラッシュをたいたときのように鮮明な記憶だ，というわけです。

　日常記憶が再構成されたものだという前節の内容からは，私たちの「記憶」は事実と必ずしも一致しないということになります。しかし一方で，スキーマにない意外なものは深い処理をされると考えられることや，「フラッシュバルブ・メモリー」の事例からは，特別な出来事はよく記憶ができるようにも思われます。

　たとえば，事件が起こったときの裁判では「目撃証言」が証拠として取り上げられます。事件に関連しているような内容は印象が強く記憶に残るはずだ，正確によく覚えているはずだ，と考える人は多く，「目撃証言は確実な証拠である」ように思われています。感情を強く動かされるような特別な出来事に関する記憶は，事実と一致するのでしょうか。

　実は，一般的な印象と異なり，衝撃的な場面に関する記憶は客観的には正確でないことも多いといわれています。バックハウト（Buckhout, 1974）は，「一人の学生が教授を攻撃する」という事件を演じ，その場面を教室にいた人々に目撃させました。教室にいた人々は事件の目撃者となったわけです。しかし，その後，目撃者である学生たちに犯人や事件の経緯を説明してもらったところ，ほとんどの人が事件について説明できず，犯人についても正確に描写することができませんでした。とくに，事件の経過や犯人について実際よりも大げさに（あるいは矮小化して）評価した人が多いという傾向がみられました。たとえば，事件が起こっていた時間を実際より長く続いたと考えたり，犯人が実際より若く体格のよい人物であったと評価したりしたのです。7週間後に6枚の顔写真を見せ，犯人を特定してもらったところ，正しく犯人を選んだのは目撃者の半数以下でした。こうした研究知見を踏まえると，私たちが主観的には「鮮明な記憶」と思っている記憶が，鮮明ではある

3.3 特別な出来事の記憶

けれども事実とは少し（あるいは大いに）異なっているもの，であると考えられそうです。

一方，衝撃的な場面の記憶は正確になる，という知見を示す研究もあります。ホイアーとライスバーグ（Heuer & Reisberg, 1990）は，子どもが父親の職場を訪ねるというシーンをスライドで参加者に見せてその後の記憶を検討しました。このときより衝撃的な場面（父親が血だらけの怪我人を治療している）を見た参加者のほうが，衝撃の少ない場面（父親が自動車を修理している）を見た参加者より記憶成績がよいという結果が得られました。

衝撃的な出来事の記憶は正確なのか，それとも不正確なのか。一見矛盾する結果が得られる原因はどこにあるのでしょうか。記銘・保持・想起それぞれの段階について考えてみましょう。

3.3.1 記銘段階——記憶の再生を求めたのはどのような内容か

衝撃的な場面を目にしたとき，多くの人はその中心的な事物や出来事についてはよく覚えている一方で，周辺的な事物・出来事についてはあまり覚えていません。たとえば，強盗に銃を突きつけられたとき，多くの人はその銃に注意がひきつけられ，実際に銃を突きつけている犯人の容貌や周りの状況などには注意が向けにくくなるという「凶器注目効果」（Loftus et al., 1987）が知られています。この現象の説明としては，ストレスの高まりによって，注意を向けられる範囲が狭くなり，利用できる情報が少なくなることが考えられています。したがって，記憶の記銘段階のストレスによって，記銘できる範囲が限定的になってしまう可能性があります。このとき，注意が向いていない周辺的な出来事について再生を求めると，「あのときのことは忘れられない」という本人の認識とは裏腹に，再生された内容はあまり正確ではなくなります。強盗に銃を突きつけられている状況では，普通人の注意は凶器に向けられます。強盗がどんな出で立ちか，とか，周りの人はどんな様子か，という事柄が，自分の命を脅かすモノに比べて注目されにくくなるというのは理にかなっているように思われます。

ただし，こうした影響は一律ではありません。何が中心的であったか，という点については，そのときの状況によって異なります。同じ場面でも異なる事物に注意をひきつけられていることも考えられます。また，このようなストレスの影響を受けやすい場合と受けにくい場合があります。たとえばなじみのあるよく知っている状況や事象の記憶は，なじみのない場合と比べてストレスの影響を受けにくいといわれています。たとえば「強盗に銃を突きつけられる」という事態で，犯人が自分と同じ人種のときはその特徴を比較的正確に記憶するのに対して，異なる人種のときにはより不正確になる，といったことが起こります。このように，記銘時の状況やその個人の特徴によってストレスの影響が異なるため，個別の事例に関する記憶の正確さを事前に推定することは難しいでしょう。

3.3.2　保持段階——どの程度時間が経ってからの質問か

次に保持段階を考えてみましょう。第1章でみたように，時間がたつにつれ再生できる情報量は減っていきます。また，日常的な出来事の記憶は，類似した経験と統合されたスキーマを形成するため，そのスキーマのもとでまとめられた記憶に変容しやすいこと，細部については注意を払いにくいため正確には記憶していないことを述べてきました。しかし，衝撃的な出来事については，このような忘却が起こりにくいといわれています。3.3.1に述べたように，ストレスによって記銘される範囲は減少する可能性が大きいものの，その狭い範囲で記銘された内容についてはよりよく保持されるといえるのです。このように考えると，時間がたってから再生を求めた場合には，衝撃的な出来事の記憶が，その他の記憶と比較すると正確であることもありえます。したがって，目撃証言は（普通の記憶に比べて）「必ず不正確である」ともいえません。注意が向けられた内容に関しては，むしろ正確であることもあるのです。

3.3.3 想起段階——記憶を引き出すためにどのような質問をしたか

バートレットの実験が示すように，有意味な物語はそのまま再生されるのではなく「再構成」されますが，記憶した本人以外が再構成を引き起こすこともあります。ロフタスとパーマー（Loftus & Palmer, 1974）は，自動車事故の映像を参加者に見せた後，その事故の様子をいくつかの質問によって尋ねました。このとき，「車が激突したとき，どのくらいのスピードで走っていましたか？」と尋ねられた参加者は，「車がぶつかったときどのくらいのスピードで走っていましたか？」と尋ねられた参加者よりも，「速いスピードで走っていた」と答えることが分かりました。さらに，実際の事故映像ではガラスは割れていませんでしたが，「ガラスが割れるのを見ましたか？」と尋ねると，「車が激突したとき……」と尋ねられた参加者のほうが，「ガラスが割れるのを見た」と答える割合が高くなりました（図 3.2）。この結果から，ロフタスたちは，複雑な事件を目撃した場合に「もとの事件を見ている間に収集した情報」と「事後的に補充した外部的情報」の2種類が存在し，時間が経つにつれて2種類の情報が統合されていくと考えました。したがって，初めは目撃した事故の情報から記憶を構成していても，「激突した」という外部情報が加わることによって，実際よりもひどい事故の記憶を再構成

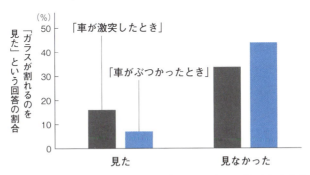

図 3.2 「ガラスが割れるのを見ましたか？」という質問に「見た」と答えるか？
(Loftus & Palmer, 1974をもとに筆者が作成)

することになるのです．記憶の再生を求めるときの質問によって，正確な記憶が再生されることもあれば，外部情報に大きく影響を受けた不正確な記憶の再構成が行われることもあるのです．

こうした外部情報による記憶の再構成は，目撃証言だけでなく，自らの経験についての記憶でも生じます．たとえば，成長後に精神分析的なセラピーによって虐待の記憶が「蘇った」女性が自分の親を訴えた事件がありました．この中には，虐待の事実がなかった（と他の証拠から強く推察される）にもかかわらず，当事者が非常に鮮明な虐待の経緯を想起するという事例が含まれていることが分かりました．ロフタスとケッチャム（Loftus & Ketchem, 1994）は，セラピストの質問の仕方が不適切だったために，虐待とはいえない出来事が虐待として再構成されてしまったと批判しています．

目撃証言とセラピーのいずれの場合も，事故の当事者や訴えられた親にとっては，「間違い」「ウソ」と感じられるでしょう．しかし，想起した本人にとっては，それが「本当の経験」「事実」と認識されるので，「ウソをついている」わけではありません．何が本当に起こったのか，人間の記憶だけを頼りに見極めようとするのは大変困難だといえるでしょう．

3.4 感情と記憶

事件や事故は，否定的な感情が喚起されるショッキングな出来事で，生活の中ではやや例外的な場面といえるでしょう．そこで本節ではより日常的な場面に目を向けて，感情がどのように関わっているか考えてみましょう．たとえば，失恋の悲しい気分から立ち直れずに試験に失敗する，仕事がうまくいって有頂天になり友人との約束をすっぽかしてしまう，そんな経験はありませんか？　こうした失敗は，単に「ヤル気」の問題だけでなく，気分が記憶に悪影響を及ぼした結果である可能性もあります．「心の働き」と「頭の働き」は独立したものではなく，互いに影響を及ぼし合うものだということができるでしょう．

3.4 感情と記憶

このような記憶と感情のかかわりを示す現象として「**気分一致効果**」をあげることができます。気分一致効果の例として，嫌なことがあって落ち込んでいるときには，過去の嫌な出来事を思い出しやすくなるという現象があげられます。

バウアー（Bower, 1981）の実験では，実験参加者に催眠をかけ，「楽しい気分」もしくは「悲しい気分」になるよう誘導しました。その後，参加者は楽しい内容と悲しい内容の2つの単語リストを記憶する課題を行いました。その結果，悲しい気分になった参加者は，事後テストにおいて悲しい内容の単語をより多く再生しました。一方，楽しい気分になっていた参加者は，楽しい内容の単語をよりよく思い出したのです（図 3.3）。

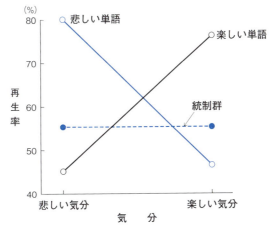

図 3.3　気分と事後テストで想起した単語の割合（Bower, 1981）

この実験から，そのときの感情によって想起されやすい情報が異なる，ということが分かります。感情は記憶にいつも同じように作用するのではなく，記憶がどのような感情と結びつくかが重要なのです。

バウアー（Bower, 1991）は，気分一致効果が生じるのは，自動的に生じる活性化の拡散のためだと考え，記憶のネットワーク（第2章参照）に感情

のノードを想定しました。楽しい気分になると，「良い気分（快感情）」のノードが活性化されます。この「良い気分」のノードとつながった出来事の記憶に活性化が拡散され，自動的にそれらの出来事を思い出しやすくなると考えられるのです。気分一致効果が私たちの生活において問題となるのは，嫌な気分になる出来事があったときです。嫌な気分からどんどん活性化がひろがって不快な出来事を想起してしまうため，嫌な気分をさらに高める悪循環に陥ってしまうことになります。

　しかし多くの場合，私たちはそのような悪循環に陥ることなく気分を立て直すことができます。たとえば，失敗して「嫌な気分」になったときに，特定の記憶を想起し「仕方がなかった」と考えたり，失敗してもその後挽回したときの経験を思い出して「がんばろう」と前向きになったりします。先ほどの「気分一致効果」とは対照的に，気分と一致しない情報の想起が高められ，嫌な気分を緩和しているといえます。こうした現象は「気分不一致効果」とよばれています。

　一見矛盾しているようですが，2つの現象は，感情から自動的に生じる処理（活性化拡散）に加えて，感情スキーマによる選択的処理と気分緩和動機を想定するとうまく説明できそうです（Forgus, 1995；谷口　1997；図 3.4）。自動的に処理される活性化拡散では，快感情は快感情に関連した情報を，不快感情は不快感情に関連した情報を活性化させます。一方，嫌な気分になったときに，それを積極的に何とかしようとする動機づけがある場合には，特定の情報に選択的に注意を向ける「感情スキーマ」の働きによって，快感情に関連した情報を活性化させると考えられます。意図的にせよ無意識にせよ，深い感情を何とかしたいという動機を持つことが，「快感情に関連した情報」に選択的に注意を向ける感情スキーマを発動させるのです。気分不一致効果が，「良い気分」のときに生じにくく，「嫌な気分」のときに生じやすいことが知られていますが，これは，上に述べたような「気分を変えたい」という動機の働きやすさから説明ができます。普通「この良い気分を何とか変えたい！」とは思わないですから，快感情のときには気分不一致効果が生じない

というわけです。感情の影響を受けつつ、それに支配されないように気分を立て直しているのですね。

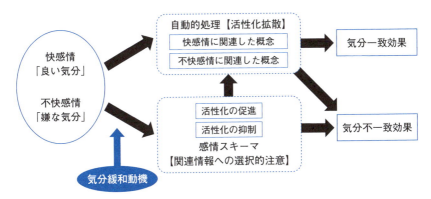

図 3.4 気分一致効果と気分不一致効果が生じるプロセス（Forgus, 1995 および谷口, 1997 をもとに簡略化して作成）

3.5 まとめ

　私たちの記憶は「見聞きしたことの『記録』」とはいえないようです。記銘段階に注目すると、スキーマに合致している情報（あるいは大きく違う情報）に注目しやすく、一部分を強調したり無視したり、時にはないものを補ったりして記憶していました。また、「感情を強く動かされた出来事についてはよく覚えている」と一般に考えられていますが、ショッキングな場面では、注意を向ける範囲が限定されるために、注意を向けた内容についてはよく覚えていても、周辺的なことについては記銘が不正確になりやすいことが分かりました。想起の段階に注目すると、検索手がかりから提供される情報に合わせて記憶を再構成するため、事実と食い違った記憶ができあがることもあります。そのため、質問の仕方によっては、本人にはそのつもりはまったくないのにウソをついてしまうということも生じます。感情と記憶の関係に目を向けると、想起時の感情と類似した感情を経験した過去の出来事の記

憶を活性化し，思い出しやすくする現象がみられます。一方で，私たちはそのような自動的な感情からの影響に流されるだけではなく，より主体的に気分を調整するために，悲しい感情のときに嬉しかった出来事を思い出すこともあります。出来事の記憶は「経験から自然と」生まれるように思われがちですが，むしろ，人間の主体的な活動と相互作用しながら作り上げられるものだといえるでしょう。

Q3.1

近くのコンビニに強盗が入りました。事件があった時刻に近くを通りかかったあなたは，一人の男とすれ違いました。事件後，警察に「そのときにこの人とすれ違ったと思うのですが覚えていますか」と写真を見せられました。あなたはどのくらい正確に確認することができるでしょうか。また，このような質問の仕方は適切だといえるでしょうか。

memo

Q 3.2

同窓会で久しぶりに会った同級生があなたについて，「いじめっ子から助けてくれてうれしかった」と思い出を語っていました。しかし，あなたにはまったくそんなことをした記憶がありません。同級生はウソをいっているのでしょうか？

memo

A3.1

　すれ違った人物について正確に想起することはかなり難しいといえるでしょう。日常記憶の中で，注意をひくような特別な様子があれば，その人物について意識的に符号化することもあり得ますが，特段注意を向けることなく歩いていてすれ違っただけの人を覚えている可能性はとても低くなります。

　また，「この人とすれ違ったはずだ」というような質問の仕方はあまり適切ではありません。このように質問された場合，自分のあやふやな記憶の中から，提示された人物と当てはまる特徴を見つけて，「確かにこの人とすれ違いました」と誤認しやすいと考えられます。そして，一度「この人とすれ違った」と間違って認識すると，記憶はその認識に合致するように修正されてしまいます（3.3で紹介した交通事故についての記憶の変容を思い出してください）。こうした記憶の再構成を防ぐためには，よく注意を払った質問の仕方が重要です。映画などでも，犯人らしき人を覚えているかどうかを目撃者に確認する，いわゆる「面通し」の場面では，よく似た雰囲気の人を数人並ばせて，その中から目撃した人物を選ばせるということをしていますね。これも目撃者の正確な記憶を調べるための工夫といえるでしょう。

A3.2

　同級生がウソをいっているとは限りません。たとえば，あなたが「いつも通りの日常的な行動」として行ったことが，結果的に同級生をいじめっ子から助けることにつながったかもしれません。たとえば，朝，玄関で「おはよう」と声をかけたとか。そうだとすると，その出来事はあなたにとっては「学校に行く」という一連のスクリプトの一部であって，個別の出来事としては記銘されなかった可能性があります。また，その同級生が，

「些細な出来事でいじめを回避できた」という事実を「優しくて勇気のある友人が助けてくれた」エピソードとして再構成している可能性もあります。テレビドラマや別のときの経験などがもとの記憶の再構成を助けたかもしれません。

　いずれにしても，いじめから助けた，というような「良い思い出」ならば「何かそういうことがあったかもしれないなあ」と受け止めていればよいのではないかと思います。逆に「あなたにいじめられた」という思い出を持っている人が登場するかもしれません。該当する事実をあなたが覚えていないからといってそれが「事実ではない」とは言えません。その場合は，本章の内容をよく思い出して，あなたと同級生の記憶が再構成された可能性を考えましょう。いずれの場合も「ウソをつくな！」と怒りだすのは間違った対応だといえるでしょう。

　こうしたときに，「それなら周りの人に聞いてみたらいいじゃないか」と思われるかもしれません。しかし，記憶の再構成は当事者以外にも生じます。あなたの記憶とその友人の記憶だけでなく，その場にいた友人や先生の記憶も，再構成されている可能性があります。また，「多数決ではっきりさせよう！」というのもナンセンスです。ごく少数の人だけが本当に起こったことをより正確に覚えていることもたくさんあるからです。

　もちろん，常に出来事の正しい再現が私たちを幸せにするわけでもありません。辛い出来事や悲しい出来事を受容可能な形に再構成することで，何とか今を生きている人たちも大勢いるでしょう。人間の記憶が正確かどうかと，その人が持っている記憶の意義は必ずしも同じではありません。人間の記憶の限界を知るとともに，そのような記憶が持つ意味を尊重することも重要だといえるのではないでしょうか。

第4章 言葉を使うとはどういうことか
——言語の発達と役割

　私たちは言葉を用いて考え，他者とコミュニケーションしています。言葉は私たちが生きていくうえでなくてはならないものだといえます。ここまでは「当たり前」の話に思われるかもしれません。しかし，私たちと言葉の関係には，不思議な点がいくつもあります。私たちはどうやって言葉を身につけるのでしょう？　身につけた言葉が違うと，考え方も違うのでしょうか。「なんでこんなことしたの!?」と怒られたときに理由を説明しようとすると，さらに怒られるのはなぜなのでしょうか。本章では，「言葉の獲得」と「言葉と思考」「言葉とコミュニケーション」という3つの疑問に焦点を当てて考えてみましょう。

4.1　言葉を獲得するメカニズム

　私たちは当たり前のように他の人の言っていることを理解し，自分も話すようになります。しかし，私たちはいったいどうやって言葉を覚えているのでしょうか。外国語を学ぶときの様子から分かりそうに思いますが，赤ちゃんが言葉を話し始めるようになる前に，外国語学習のときのような「集中的な言葉の特訓」が行われるわけではありません。子どもはたくさんの言い間違いをしますが，それを大人がいちいち指導しているわけでもありません。どうやら「意図的に外国語を学ぶ」プロセスと母語の獲得は同じとはいえないようです。

　成長してから外国語を学ぶときには，すでに身につけている母語を足がかりに学ぶことができます。たとえば，study は動詞で「勉強する」という意味だ，とすでに知っている単語や言語に関する知識に結びつけて記憶していきます。しかし，赤ちゃんはそのように対応づけられる知識を持っていません。この点でも，外国語を学ぶことと言葉を身につけることは大きく異なっ

ています。では，人間はどうやって言葉を身につけていくのでしょうか。

4.1.1　言葉として聞きとる力

　赤ちゃんは一見とても無力な存在ですが，言葉を獲得する大変優れた能力を生まれつき持っています。まず，言葉の音（音韻）の特徴を生まれつき聞き分けることができます。

　どういうことか，エイマスたちの実験（Eimas et al., 1971）をみてみましょう。実験では，物理的な特徴としては連続している2つの音（たとえばbaとpa）を刺激として使います。2つの音は，母音が発声されるタイミングによって区別され，「バ」または「パ」と聞き分けられます。この2つの音を赤ちゃんがどのように聞き分けるかを確かめるのです。赤ちゃんを対象とした実験では，「同じですか？　違いますか？」と質問して答えてもらうわけにいきません。そこで，赤ちゃんの「新しい刺激」に対する反応を利用します。赤ちゃんは「新しい刺激」に対して興味を持つと，口に入ったおしゃぶりを吸う（吸啜）反応が増えます。この吸啜反応の増減に注目します。

　実験ではじめに提示される音（たとえば「ba（バ）」）の音が聞こえてくると，その音が新しく感じられますので，赤ちゃんの吸啜反応は増えます。しかし，赤ちゃんがその音を長いこと聞いていると，吸啜反応は少なくなってきます。同じ音に飽きてくるのですね。そこで，もう一つの音（この場合は「pa（パ）」）に切り替えると，赤ちゃんの吸啜反応は再び多くなります。もし，赤ちゃんがこれらの音の違いが分からないのだとすると，「新しい刺激」とはいえませんから，赤ちゃんの興味は回復せず，吸啜反応は増えないはずです。吸啜反応が増えるということは，赤ちゃんにとって音の変化が「新しい」「異なるもの」として認識されたのだということが分かります。

　一方，多少母音の出るタイミングが異なるけれど同じく「パ」と聞きとれるような音を流しても吸啜反応は回復しません。赤ちゃんにとっては，「音の特徴が変わった（物理的に違う音になった）」ことではなく，「言葉としての音の種類が変わった（バからパになった）」ところが重要だったといえま

す。

　初めて聞く声であっても，赤ちゃんは言葉としての音を敏感に区別することができるのです。こうした聞き分けは，母語によらず，すべての赤ちゃんに備わっている能力であるといわれています。日本人はrと1の聞き分けができないといわれますが，日本で生まれて日本語しか聞いたことのない赤ちゃんであっても，これらの音の違いを聞き分けることができるのです。人間は，生まれながらにして，言葉の音を聞きとる能力を持っているのだといえます。

4.1.2　連続する音の中から単語を見つける力

　さて，赤ちゃんが言葉を学ぶときの次の関門は，普通の話し言葉では連続して発せられる音から意味のある単位（単語）を切り出すことです。この難しさは，外国語の聞きとりに苦労した経験のある人にはよく分かるのではないでしょうか。ドイツ語の単語の知識があれば，「イッヒリーベイントーキォー」という音の流れの中からIch, lebe, in, Tokioと単語を切り出すことができるでしょう。しかし，言葉を学び始めた赤ちゃんにはそうした単語の知識がありません。「ママ来たよー」「ママと行こうか」「あーちゃんはママが好きだねえ」と話しかけているとき，子どもは単語の知識なしに，どうやって「ママ」という単語を取り出しているのでしょう。

　話し言葉の中のひと続きの音の中から単語を切り出すために，赤ちゃんはさまざまな手がかりを用いていると考えられています。たとえば，ある単語を示す音（たとえば「ママ」）は，単語内の音の順番は固定されていて，その前後にさまざまな音が現れます。赤ちゃんは，音韻情報から，「一緒にセットになって出てくる組合せ」を統計的に計算し見抜いているようです（Saffran et al., 1996）。ただし赤ちゃんが用いる情報はそれだけではありません。アクセントなどの強調される音が単語のはじめの音として認識するヒントになっていますし，単語が使われる頻度の情報も，単語を切り出す手がかりとなっているようです。このように，私たちは，生まれつき備わった能力

4.1.3 単語の意味を理解する

さて，次に問題になるのは，どうやって単語の意味が分かるようになるのか，という点です。赤ちゃんの身の回りには「名前を知らないモノ」があふれています。しかし，赤ちゃんはその中から，新しい単語と対象を的確に対応づけることができます。赤ちゃんが獲得する語彙の数は1歳半くらいから急速に増え始め，1日約9語獲得するといわれています（Carey, 1978）が，新しい単語を耳にしたとき，その言葉が意味するのは何か，身の回りのものを一つひとつ確認していては，とてもこのペースで語彙を獲得していくことはできません。言葉の獲得に関する次の疑問は，赤ちゃんがどのようにして言葉とモノを対応づけるか，ということなのです。

この不思議について，マークマン（Markman, 1989）は，子どもが「言葉の意味になりそうなもの」をあらかじめ先入観として持っていて，その枠組みの中で言葉の意味を推測しているのではないかと提案しました。この先入観のことを「**制約**」とよびます。マークマンが提案した制約としては次の3つがあげられます。

まず，「**事物全体性の制約**」です。これは「言葉が表すのはその対象全体だ」と考えるということです。図4.1のように，対象物の一部（この場合は矢印の示すイヌのシッポ）を指差して「ワンワンだよ」と教えられた子どもは，それがシッポを指すとは考えず，イヌ全体を「ワンワン」としてとらえるのです。

次に「**事物カテゴリーの制約**」があります。これは，「言葉はよく似た性質を持つ別の対象にも用いることができる」つまり「言葉はカテゴリーを表す」と考えるということです。図4.1を「ワンワン」と理解した子どもは，別のイヌを見ても「ワンワン」であると考えます。時にこの範囲が拡大しすぎて，ネコやウマなども「ワンワン」と理解されることもあります。これを子どもはどのように修正するのでしょうか。

図 4.1 子どもは何を「ワンワン」だと理解するのだろうか

そこで3つ目の制約である「**相互排他性の制約**」が登場します。これは「1つの語が示すものの名前は他のものの名前と重ならない」ということを意味しています。つまり，ワンワンとよばれるものは他のカテゴリー名ではよばない，ということです。ネコを「ワンワン」とよんでいた子どもも，「これはニャンニャンだよ」と教えられると，「ワンワン」のカテゴリーからネコを排除します。「ニャンニャンでもありワンワンでもある」ものがあるとは考えないのです。また，「ワンワン」を知っている子どもに，図 4.1 の矢印のように指を指して「シッポ」と教えると，今度はこれは「ワンワン」の一部だ，と言葉の意味するカテゴリーが重ならないように解釈をします。

このように，言葉の意味を知る，という段階でも，人間が生まれつき持っている世界を見る枠組みが機能しているようです。ただし，制約理論をはじめとした生得的な能力を重視する考え方には批判もあります。人間は他者とのコミュニケーションを通して言葉を学んでいるのであって，その経験を軽視するわけにはいかないのです。

言葉の獲得が他者とのコミュニケーションによって支えられていることは，赤ちゃんに向けた大人の発話の特徴からも分かります。皆さんは，赤ちゃんに語りかけるとき，どんなふうにするでしょうか。「ぼうし，かわいいねえ。ブーブ，のるのかな？」のように，赤ちゃんが聞きやすい言葉で，おそらく普段より高い声でゆっくりと抑揚をつけて話しかけるのではないでしょうか。

このような赤ちゃんに向けた言葉遣いを「マザリーズ（お母さん語）」とよびます。大人が自然と赤ちゃんの聞きとりやすい話し方をすることで、赤ちゃんの言葉の獲得を促しているのです。

4.2 思考の道具としての言葉

4.2.1 コミュニケーションから思考の道具へ

次に、2つ目の疑問「言葉と思考はどう関わるか」について考えてみましょう。獲得された言葉は、はじめはもっぱらコミュニケーションの道具として使われるようです。「ものを取ってほしい」「おなかがすいた」「あれを見て」など、要求やメッセージを相手に伝えることに主眼があります。しかし、言葉の役割はそれだけではありません。ヴィゴツキー（Vygotsky, 1962）は、人間が道具を使って自然と対峙するのと同様に、人間特有の思考には言葉が道具として使われていると考えました。記憶すること、概念を用いること、筋道を立てること。これらを言葉を用いずに実行するのは大変難しいでしょう。色やモノに名前があるのも、私たちが言葉を道具として使って、目にする対象について考えていることの現れだといえます。

ヴィゴツキーは、他者とやりとりする中で用いられていた言葉が、やがて自分自身に向けて用いられるようになる、という発達のプロセスを考えました。つまり、コミュニケーションで用いられた言葉が思考の道具として用いられるようになるのです。

ヴィゴツキーは、子どもの独り言がこの移行過程を表していると考えました。3, 4歳の子どもの様子をよく観察すると、誰に向けたわけでもない発話をたくさんしていることに気がつきます。たとえば、子どもが何人かで同じところで遊んでいるときに、ある子どもが積み木で遊びながら、「ネエ、こっち来ないで！　倒れちゃうでしょ！」と言うのは、隣でお人形遊びをしている子に向けての発話でしょう。しかし、積み木を重ねながら「いくつできるかなー？　いくつできるかなー？　そーっとよ、そーっと！」などと言

うのは，自分自身に向けての発話だと考えられます．ヴィゴツキーはこうした独り言によって，子どもは自分の行動を調節したり，状況に合った行動になるようコントロールしたりしているのだと考えました．

　成長すると，こうした自分の行動を調節する発話は少なくなっていきます．それでも，勉強している子どもが「えー？　さっきと違うのか!?」「ああ，ニンベンか」などとつぶやいているのは，やはり自分の行動を言葉でコントロールするためでしょう．このように，私たちの思考は言葉という道具を用いた活動として表すことができます．大人になるとより複雑な課題に取り組むようになりますが，そのときに用いるのも，こうして獲得した言葉という道具なのです．

4.2.2　言葉と思考の関係

　言葉が私たちの思考において非常に重要な役割を果たしている，ということから，「言葉を道具として使っている」のではなくて「言葉が私たちのモノの見方を決定している」のではないか，と考えたのが言語学者のウォーフです．ウォーフは，「エスキモーが『雪』を表現する5つの単語を持っている」「アメリカンインディアンのホピ語には現在形と過去形の区別がない」といった例をあげて，言語によって世界を表現するやり方が違うことを示しました（Whorf, 1956）．ウォーフはこれらの例から，「生まれつき身につけた言語の規定する線に沿って自然を分割する」と考えました．

　こうした考え方から生まれたのが，言葉が私たちの思考やモノの見方を規定するという「強い仮説」です．この「強い仮説」が正しいとすると，私たちはモノの見方に基づいて概念カテゴリーを決めているのではなく，言葉によって決められている概念カテゴリーに沿ってモノを見ているということになります．果たしてこの「強い仮説」は正しいと言えるのでしょうか．

　確かに，私たちは頭の中で言葉を使って考えていますし，言葉があることで初めて理解できる概念もあります．こうした日常経験からは，「強い仮説」が支持されるように思われます．しかし，ウォーフの示した例の多くに間違

いがあることや，私たちのものの見方がすべて言葉によって決定されるわけではないことを示す知見も得られており，「強い仮説」はどうやら正しくないということが分かってきました。

例として，色の知覚についての研究を紹介しましょう。パプアニューギニアのダニ語には色の名前が2種類しかありません。もし，「強い仮説」が正しく，言葉によって概念カテゴリーを形成しているのであれば，ダニ語しか話せない人はさまざまな色の区別ができないはずです。しかしダニ族の人に色の名前を教えてみると，はっきりと特徴を感じやすい色（典型的な色）が他の色より早く学習されました（Rosch, 1974）。ここから，色の名前があるかどうかに関わらず，万人にとってはっきりと特徴を感じとれる色というのがあるのだと考えられます。ですから，言葉によって認識が決定されるということではなく，万人に共通の認識がなされた上で，そこにどのように線を引くかが違っているのだと考えるほうがよさそうです。

このような共通の認識は，色の知覚だけでなく概念カテゴリー（第2章参照）にも存在します。ロッシュたち（Rosch et al., 1976）は，私たちが自然に獲得する事物の概念カテゴリーにはその抽象度によって「上位」「基礎」「下位」の3つのレベルがあると考えました。日常的に私たちが自然事物を分類する際に用いるレベルが「基礎レベル」と位置づけられています。**図4.2**を見たときに，多くの人が「テーブル，椅子，イヌ」と認識します。テーブルはより詳しくいえば「コーヒーテーブル」ですし，イヌは「ビーグル犬」ですが，このようなより詳細な下位カテゴリーは普通はすぐには頭に浮かびません。また，テーブルと椅子をまとめて「家具」，イヌを「動物」とよぶ上位レベルのカテゴリーも使えるはずですが，あまり用いられません。このような，対象を見たときにまず頭に思い浮かぶ分類を「**基礎レベルのカテゴリー**」とよびますが，これは多くの言語の間で共通していることが分かっています。色の場合では，白・黒をはじめとして緑・黄・青・赤が多くの言語で基礎レベルの色カテゴリーとして認められているようです（Berlin & Kay, 1969）。

4.2 思考の道具としての言葉

図 4.2　イラストに描かれているのは何でしょう？

　このように，基礎レベルの概念カテゴリーが多くの文化や言語間で共通しているのは，言葉とモノの認識の関係における「全人類共通の部分」があるからだと考えられます。私たちのモノの見方には共通した大きな枠組みがあり，それに対応したカテゴリーに名前が与えられているといえます。

　一方，より詳細な線引きの仕方や，その線引きに従った判断には言葉の影響がみられます。例として，ケイとケンプトンの研究（Kay & Kempton, 1984）を紹介しましょう。

　調査の対象となったのは，アメリカの英語話者とメキシコのタラフマラ語話者です。調査で使われたのは，青と緑，およびその中間的な色でした。英語では，青と緑にそれぞれ対応した言葉がありますが，タラフマラ語では両者を分ける言葉はありません（図 4.3）。調査では，まず，物理的な特徴（明るさや鮮やかさ）は青と緑のちょうど真ん中にある色を「基準」としました。

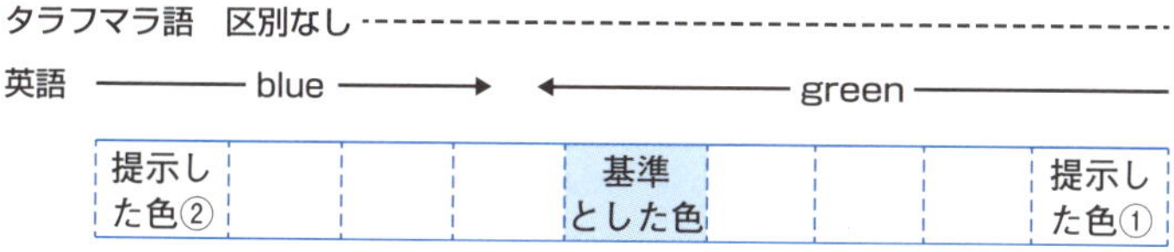

図 4.3　ケイとケンプトン（1984）が調査で用いた刺激
実験参加者は①と②がそれぞれ基準とした色からどの程度離れているかを判断した。

そして，基準から同程度異なるカラーチップ（図 4.3 の①と②）を見せて，基準とした色からどの程度離れているかを判断してもらいました。すると，タラフマラ語話者は「同程度に基準とした色から離れている」と正確な判断をしたのに対して，英語話者は，典型的な緑に近い色を「より基準となる色に近い」と誤った判断をしました。

　なぜこのような違いが生じたのでしょうか。それは，基準とした色が，青と緑の中間的な色ではありましたが，英語の「緑」カテゴリーにギリギリで入るような色だったためだと考えられました。つまり，英語話者は，実際に目に見えた色の物理的な特徴から違いを判断するのではなく，①の色と基準はいずれも「緑」である，と判断したのです。タラフマラ語話者はそのような枠組みを当てはめずに色を見たので，物理的な特徴にもとづいた判断をしたのでしょう。ここからは，見えているものにどのような枠組みを当てはめるかによって，人のモノのとらえ方が変わることが分かります。

　このように，色彩の物理的特徴や基礎カテゴリーの認識は全人類共通だけれども，そこに線引きをすることや，その線引きにしたがって判断することは，言語と大きくかかわっています。言葉が私たちの認識を決定するという「強い仮説」はやや極端で適切とはいえません。しかし，言葉は，私たちが世界のありようを理解し，自分の行動を調節しようとするための道具であり，考えることと言葉を用いることを切り離すことはむずかしいようです。

4.3　コミュニケーションと言葉

　最後に，私たちが言葉を用いて他の人とどのようにコミュニケーションをしているかを考えてみましょう。言葉が「情報を伝える」ことを「コミュニケーション」ととらえるのは少し視野が狭いかもしれません。本章の冒頭の例（「なんでこんなことしたの!?」）であげたように，言葉で表している情報そのものが伝えたい情報ではないこともあります。では言葉によるコミュニケーションとは何でしょう。これが3つ目の疑問です。

4.3 コミュニケーションと言葉

ジェイコブソン（Jacobson, 1960）は，コミュニケーションにおける言葉の機能を分析しています。ジェイコブソンは，コミュニケーションにおいて不可欠な6つの要素を整理し，それぞれに焦点が当たった言語機能を示しました（表4.1）。

表4.1 コミュニケーションの要素 （Jacobson, 1960をもとに筆者が作成）

機能	焦点化する要素（もっとも重要な意味をもつのは何か）	例
指示的	文脈（状況，背景など）	◯◯さんから電話がありました。
主情的	発信者（状態，感情など）	なんて嬉しいんだ！
働きかけ	受信者（存在，状態など）	ねえねえ。
メタ言語	言葉の意味	"Sophomore"ってどういう意味？
詩的機能	表現	（バーカと言われて）カーバ。
交話的	コミュニケーション	（店員に向かって）すみません。

典型的には，私たちのコミュニケーションは指示的機能・主情的機能・働きかけ機能の3つによって説明されます。発信者と受信者，伝えられる内容（文脈）の三者から構成される三角形が，コミュニケーションの主要な枠組みとなります。状況（文脈）に焦点が当たるのが指示的機能で，これが私たちがまず思い浮かべる「**コミュニケーション**」だといえるでしょう。その他に，発信者の感情や態度に焦点が当たる主情的機能，受信者の注意をひいて働きかけることに焦点を当てた働きかけ機能が典型的なコミュニケーションです。

ジェイコブソンは，これに加えて次の3つの機能があると論じました。言葉の意味を尋ねたり，説明したりするのは「メタ言語機能」です。表現そのものに焦点を当てているときの機能を「詩的機能」とジェイコブソンはよんでいます。「バーカ！」と言われた子どもが「カーバ！」と返すのには単に「バーカ！」と言い返す以上の意味があります。これは詩的機能の表れとい

えるでしょう。最後の一つは，言葉によるコミュニケーションを開始するため「交話的機能」です。ここでは，相手とのつながりを構築すること，つまり「接触」の要因に焦点が当たっています。

字義通りの情報ではなく隠れた情報が本当の焦点である場合もあるでしょう。冒頭にあげた例のように「なんでこんなことしたの!?」は指示的な機能（「状況を説明してほしい」という意図）をもつ言葉のようにもみえますが，実際には主情的機能（「私は怒っている」）を果たしているようです。

このように言葉の多様な機能を概観すると，言葉によるコミュニケーションが「情報伝達」のためだけにあるわけではない，ということが分かります。たとえば，交話的機能には，感情状態の表現は必ずしも含まれませんが，会話を開始したり維持したりしようとすること自体が相手との結びつきを深めるという機能を担っていると考えると，交話機能は言葉によるコミュニケーションで人と人が結びつく，そのきっかけ作りの機能ともいえます。

一つひとつの発話には，複数の機能があり，そのときの状況によってもっとも主要な機能が決まります。子どもが「お母さん」と呼んでから「なんでもない」と言ったりするのも，働きかけ機能を持つ「お母さん」という呼びかけが，実は交話的機能や，子どものうれしい気持ちやさびしい気持ちを表す主情的機能を同時に担っていることもあるのです。

4.4　まとめ

人間が言葉を獲得するということは，赤ちゃんが生得的な能力や枠組みをフルに活かすことと，大人が赤ちゃんに向けた働きかけをすることの両方によって支えられています。獲得された言葉は，初めは他者とのコミュニケーションにおいて用いられますが，後に自分の行動を調節し思考を形成する道具となります。しかし，言葉が思考を決定するという「強い仮説」は正しいとはいえず，人間に普遍的なモノの見方（例として「基礎的カテゴリー」）に沿った線引きを言葉がする，という関係が基本的に成り立つと考えられま

4.4 まとめ

す。ただし，そうした言葉による線引きが，その線引きに基づいた判断を支えることもあり，人間が道具として言葉を用いる中で，言葉によって思考が影響を受けることもあるといえます。コミュニケーションの観点からは，言葉が単に情報を表すだけでなく，感情を共有したり，人と人との結びつき自体を形成したりする機能も持っていることが分かります。言葉は，生得的なメカニズムと環境によって獲得され，私たちの思考や人と人との結びつきを支えているのです。

第4章　言葉を使うとはどういうことか

友人が「姪っ子が，イヌもネコも毛糸球もなんでもかんでも『フウフウ』って言うんだけど，見分けがつかないのかな」と言っています。「見分けがつかないわけじゃないよ」と分かってもらうためにどのように説明したらよいでしょうか。

memo

Q4.2

外国語を学ぶためにはできるだけ幼い頃に学習を始めるほうがよいという意見がありますが，それは正しいでしょうか。

memo

Q 4.3

言語社会学者の鈴木孝夫（鈴木，1990）は，アメリカで「オレンジの車が迎えに行く」と言われて待っていたら，やってきた車が茶色だったという逸話を紹介しています。運転手に「オレンジ色の車が来るといわれていたので判らなかったというと，男は平然として，この車はOrangeだよ，と答えた」というのです。なぜこのようなことが起こったのでしょうか。

memo

A 4.1

　これは，姪御さんの「フウフウ」カテゴリーにイヌとネコ，毛糸球などのふわふわしたものが含まれているということだと推測できます。それぞれに違いが分からないわけではありません。まったく見た目の違うイヌが2匹目の前にいるときに，それらをまとめて「イヌ」と表現したからといってそれらの見分けがついていないわけではないのと同じことです。事物カテゴリーの制約から，「よく似た性質を持つ他のものも同じ名前」だと判断されますから，フウフウ的な要素のあるものはすべて「フウフウ」だと考えているのです。このように，本来の用法や適用範囲を越えて同じ語彙が用いられることは「**過拡張**」あるいは「過拡張的用法」などとよばれており，子どもの発話によくみられる現象です。他にも，電車も車も自転車も「ブーブ」とよぶ子どもや，パンだけでなくお菓子もお団子も「パン」と言う子どもなど，いろいろな過拡張があります。

　まったくオリジナルに自分自身で「フウフウ」というカテゴリー名を作ったと考えるより，どこかで「フウフウ」という言葉（あるいは音）とイヌやネコなどを結びつける経験をしているのではないかと考えられます。たとえば，「フワフワ」という言葉は「フウフウ」と響きが似ていますから，どこかでイヌやネコと「フワフワ」という言葉を結びつけたのかもしれません。たとえば，シッポがふさふさしたイヌに興味を持って姪御さんがじっと見つめているときに，お母さんが「ああフワフワねえ」と発話したりしたのかもしれませんね。「事物全体性の制約」からシッポだけでなく全体とフワフワと認識することもあるでしょう。さらに，姪御さんが「フウフウ！」と言ってイヌを指差せば，多くの大人が「本当ね，フワフワね」と発話を理解しますから，本人も周囲もしばらくは「フウフウ（あるいはフワフワ）が一般に同じではないカテゴリーを包含している」ことに気がつかないのだろうと考えられます。語彙が増え，発話が増えてきた

ところで、「この子は『フウフウ』でかなり広いカテゴリーを表しているようだ」とはじめて気がつくのですね。

小学校に英語学習が導入されたり、幼児対象の英語教室が増えたり、どうやら「小さい頃に外国語を学習するほうがよい」と広く一般に信じられているようです。本章で述べたように、赤ちゃんの言語獲得の速さと効率の良さには目を見張るものがあります。しかし、「ある程度成長した後に外国語を学ぶこと」と「赤ちゃんが母語を獲得すること」ではそのプロセスが大きく異なります。ですから、外国語の学習を赤ちゃんの言語獲得能力のすごさから説明するのには注意が必要です。

確かに、言葉を学習する前の乳児の段階から外国に暮らすなどして外国語が話される環境で赤ちゃんを育てれば、その外国語を身につけさせることができるでしょう（この場合赤ちゃんにとってこれが「外国語」とよべるかは疑問ですが）。母語と外国語それぞれの特徴によっても異なりますが、本章で述べたような優れた音韻の獲得能力は、1歳になる前までが重要な時期だと考えられます (Kuhl, 2011)。一方、文法の獲得や単語の獲得については1歳半以降が重要な時期だといえるでしょう。

ただし、年齢が低いほうがさまざまな面で環境への適応がしやすいことは知られていますが、これは言葉に関しても同じであるようです。たとえば、母語環境から外国語環境へ移動した場合、外国語を急速に獲得すると同時に母語を喪失していきますが、これも環境に適応する能力のためです。また、このことからは、外国語環境におかれた場合に素早く適応するのは幼い子どもであるけれども、その子どもたちは元の環境に戻せば急速にそれを失う、ということも分かります。外国での勤務に子どもを連れて行った親が、せっかく外国語を身につけたのだから、と帰国後もその能力を維持させようと試みることはよくありますが、年齢が低いほどその努力は実

解　説

を結ばない傾向にあるようです。

　外国語習得能力（とくに音声の聞きとりや発話の能力）には年齢的な限界があり，特定の年齢を超えると外国語を完全には習得できなくなる，という主張（「臨界期仮説」）もありますが，これを支持しない研究知見も数多く示されてきました。臨界期仮説の多くは，「外国語の言語環境で自然と学習する」ことを前提としていますが，教室で体系的に学習する場合には，成長後のほうが学習が早いことを示す知見もあります。たとえば，英語話者がオランダで1年間オランダ語を学習したときの成績を比較した研究では，12歳から15歳がもっとも高い成績をあげたことが報告されています（Snow & Hoefnagel-Hohle, 1978）。

　外国語学習は早期から始めるほうがよいか，という問いに対する答えはそれほど簡単ではないようです。どのような外国語能力を何のために身につけるのか，という観点から丁寧に検討する必要がありそうです。

　本章で紹介したように，色は連続的に変化していますが，私たちはそこに線を引いて色の名前をつけています。たとえば，図 4.4 のようなグラデーションをイメージしてみましょう。A の部分については多くの人が白，B については黒，とよぶでしょう。しかし，どこまでが黒でどこまでが白か，と聞かれると，人によって，あるいは文化によって違いがありそうです。このように，「はっきりしない部分」については名前のつけ方もはっ

図 4.4　色のグラデーションとカテゴリー

きりしなくなります。例に出ている「オレンジ」と茶色も，このように連続的に変化しています。ある文化や言語圏（この例では日本）ではより典型的なオレンジに近いところまでを「オレンジ」とよぶのに対して，違う文化や言語圏（この例ではアメリカ）ではより茶色に近いものまで「オレンジ」に含めているという違いがあるのだと考えられます。したがって，アメリカ人と日本人で目に見えている色が違うのではなく，さまざまな理由により，どこまでを特定の色の名前とするか，という切り分け方が異なることがこのような「誤解」が生じた理由だといえるでしょう。

第5章 「読書百遍意自ずから通ず」?
——文章理解の認知過程

およそ5,000年前に文字が発明され，それによって人間は知識を効率的に蓄積しておくことができるようになりました。「学ぶ」という活動は「読む」ことと切り離せません。新しく何かを知りたいとき，できるようになりたいとき，私たちは「読んで理解する」ことから始めます。

しかし，文章を読んでその意味を理解することはいつも簡単なわけではありません。「読書百遍意自ずから通ず」といいますが，これは中国の故事にいわれている言葉で，「分からないところがある書物でも繰返し熟読していたら意味が自然と分かってくるものだ」という意味です。「読むことは難しい。だから，乱読するのではなく熟読することが大切だ」というメッセージが込められています。ふむ。そういわれると「その通り！」と思うのですが，では「熟読する」とは一体どういうことなのでしょうか。お経のようにとにかく繰返し唱えていれば「熟読する」ことになるのでしょうか。そもそも「読んで分かる」とはどのようなことなのでしょうか。本章では，そのような疑問について心理学の知見を紐解いてみましょう。

5.1 「読んで理解する」とはどういうことか

私たちの記憶や知識は「心的表象」とそのネットワークで説明することができました（第2章）。目の前にあるリンゴを頭の中で思い浮かべたら，それは「リンゴの表象」ということになります。リンゴのような具体的な事物は，言語と非言語（イメージ）両方の表象を考えることができます（図5.1）。

「リンゴ」という文字を目にしたときも，私たちは頭の中に表象を作ります。「読む」という活動は，文字の視覚的な特徴を分析して，言語的・非言語的な表象と結びつけること，つまり，目の前にある文字をもとに，内容を頭の中に再現することだといえるのです。本章では，まず，どのように私たちが文字から表象を構築しているのか，そのプロセスを考えてみましょう。

図 5.1　リンゴの表象

5.2 文章理解の認知プロセス

　人間が文章を読むときには，書かれていることをそのまま丸写ししたりコピーしたりするようには理解していません。文章を読むことは，文章中の情報を人間独自のやり方で処理し，言語的な表象を構築していくことです。ここには，ボトムアップとよばれる「データ駆動型」の処理と，トップダウンとよばれる「スキーマ駆動型」の処理がかかわっています。それぞれでどのような処理が行われるかをみてみましょう。

5.2.1　ボトムアップ処理

1. 文字から単語を認識する

　文章を理解するためには，まず文字を認識し，単語の意味を理解する必要があります。文字から単語を認識するには，文字をもとに「視覚」「聴覚」「文脈」を分析する必要があります。

　まず，私たちは視覚的な刺激の特徴を文字として認識します。「あ」と「お」に共通した特徴と異なる特徴を私たちは目で見て認識していますね。しかし，このとき，フォントや書き手が変わっても同じ文字として認識できるというのは実はかなり不思議なことです。「さ」と「さ」，あるいは「a」と「a」では字の形がずいぶん違いますが，それぞれの違いが本質的なものではないことを瞬時に判断し，同じ文字として認識しています。文字について私たちが暗黙の知識を持っていて，その知識を利用して文字を読むことが

5.2 文章理解の認知プロセス

できるのだと考えられます。

　文字を認識したとき，それを発音した場合の音がどうなるかを分析します。小さな子どもが文字を読むとき，「お・に・ぎ・り」と 1 つずつ音にした後で「おにぎり！」とその意味をとらえている様子をみることができます。このとき，文字を音に置き換える分析がなされ，そこからその単語の意味記憶にアクセスしたということがよく分かります。単語の読み方が規則的な場合やよく目にする単語は，すぐに読み上げて理解できることが知られています。これは，音への変換が簡単だからだと考えられます。

　私たちはふだん，こうしたプロセスをほとんど意識することなく「単語を読み理解する」ことができますが，そのとき私たちの頭の中では，このようにさまざまな情報が処理されているのです。この情報処理の様子を描き出そうとする試みの一つが，ニューラルネットワーク・モデルです。ニューラルとは「神経細胞（neuron）の」という意味です。このモデルでは，神経細胞を表す「ユニット」を 1 つの単位にしています。たくさんのユニットが集まり，互いに結びつきあってネットワークを形成しています。ここで，ユニット同士の結びつきは，「促進」と「抑制」のいずれかを表します。その組合せがたくさんみられればその結びつきが強くなっていきます。ニューラルネットワーク・モデルの例として，「相互活性化モデル」（McClelland & Rumelhart, 1981）を取り上げてみましょう（図 5.2）。図 5.2 では，「T がはじめにくる 4 文字単語を認識する」プロセスが表現されています。図中の丸で表現されているのが「ユニット」です。図をみると，初めに文字の視覚的分析にもとづいて，一番下にある縦線や横線の特徴を示すユニットが活性化することが示されています。そして，ネットワークを伝ってその特徴を含む文字へと活性化が伝わっていきます。その文字が活性化すると，ネットワークを伝わってその文字が含まれる単語が活性化される，というプロセスが表現されています。ただし，このプロセスは図の特徴レベルから一方向的に進むだけではありません。語レベルから文字レベルへの働きかけも表現されています。たとえば，ABLE から N や T の文字レベルには抑制の結びつきが示

されています。語レベル内・語から文字への逆方向の結びつきがあることによって，前後の情報から語の特定をすることを説明できます。

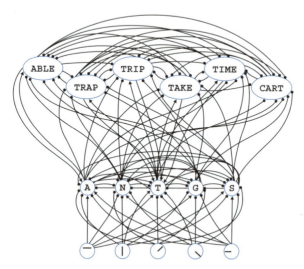

図 5.2　**相互活性化モデル**（McClelland & Rumelhart, 1981）
→は促進，―•は抑制の結びつきを表す。

2. 命題間の関連を分析する

　単語の意味が分かったら，文の理解へと進みます。「太郎が花子にメールを送った」という文を読んだときのことを考えてみましょう。文は，単語と単語を関連づけて構成されています。

　文の構成をよく分析してみると，1つの述部と1つ以上の項の組合せが基本的な構成要素になっていることが分かります。これを「命題」とよびます。述部は動作や様子，関係を表す言葉で，用言（動詞，形容詞，形容動詞）が対応します。項は体言が対応していて，名詞や代名詞がこれにあたります。述部と項がどのような関係で結ばれているかを表すのが「関係」です。図5.3A に「太郎が花子にメールを送った」という文の命題を図で表現した例を示します。

　図 5.3A の場合は，述部が1つなので1つの命題になりますが，普段目に

5.2 文章理解の認知プロセス

A.「太郎が花子にメールを送った」

B.「和夫は，太郎が花子にメールを送ったことを，よし子に教えた」

図 5.3 文の命題表現

する文章はもう少し複雑ですね。たとえば，「和夫は，太郎が花子にメールを送ったことを，よし子に教えた」という文には，「送った」「教えた」という2つの述部が含まれています。この場合は，命題2つによって文が構成されています（図 5.3B）。このように，文の中では複数の命題が相互に関連したり，命題の中に命題が含まれる入れ子状態になったりして構成されているのです。こうした構造は，日本語に特有なわけではなく，他の言語にも共通していると考えられています。

　文章は文が特定のテーマのもとに複数集まって1つのまとまりを構成しているもの，と定義できるでしょう。したがって，上に示した命題間の関係がさらに広がり，つながりあったものが文章の表象ということになります。

　文章の書き手は，自分が伝えたい情報を持っており，その情報は上のような命題で表すことができます。これを伝達するために，書き手は特定の法則（文法）にしたがって文字列で表現します。これが集まって文章になるのです。読み手は，文字列から，頭の中に命題と命題間の関係を再現します，つまり表象を再構築するのです。このように，文章を読むという行為は，書き手の頭の中の表象が文字として表現され，それを読み手が読みとって頭の中で構築し直すことだといえます。

キンチ（Kintsch, 1998）は，文章の理解表象の構築を「ミクロ構造」の構築から「マクロ構造」の構築へと進むボトムアップのモデルで表しています。ミクロ構造は，命題と命題の間の関係やまとまりを指しており，文章の中の部分的なまとまりを意味しています。一方，「マクロ構造」は，文章全体の理解表象を意味しています。単語間の関係を構築し，それを文章全体の表象としてまとめあげたマクロ構造に拡大していくことが，文章を理解することだといえます。とくに，ここまで説明してきたように，文字から単語，単語から文，と情報（データ）を積み上げて一貫した理解表象にしていくことを文章理解の**ボトムアップ処理**とよんでいます。

5.2.2 トップダウン処理

さて，文章に示された情報を積み上げていくボトムアップ処理だけでは十分でないことがあります。たとえば，「はしを歩いて渡った」という文を読んで，「橋」を渡ったと解釈する人もいれば，「端」を歩いたのだろうと考える人もいるでしょう。文字を音に変換できればすぐに単語の意味が分かるということではないのです。ここにあげた例の場合は，この文の前後にどのような情報が提示されているかによって正しい「はし」の意味が分かるでしょう。「大きな川が目の前にあった」ということが書かれていれば，「はし」は「橋」のことだな，と分かりますね。このように，文字から単語を認識する際にはその文脈の情報を用いています。このように，途中まで読んでいく中で構築した表象から単語の意味を決定するような方向も考えられます。文章を理解するプロセスは，ミクロからマクロに一方向的に進むだけでなく，マクロ構造をもとに単語の意味を理解するということも起こるのです。

また，データを積み上げていっただけでは理解できない場合もあります。図 5.4 に示した文章を読んでみましょう。簡単な単語で書かれていますが，全体を通して「よく分からない」と思われたのではないでしょうか。

では，「この文章のタイトルは『洗濯』です」と言われたらどうでしょう。今度は「ああ分かった！」という感じがするのではないでしょうか。この場

5.2 文章理解の認知プロセス

> 手順は実に簡単である。まず，いくつかの山にまとめる。もちろん，量によっては一山でもかまわない。設備がその場にないときには，次の段階としてどこか他の場所に行くことになる。そうでなければ，準備はできあがりである。たくさんになりすぎないことが大切である。つまり，一度にあまり多くの量をこなすくらいなら，少な目の量をこなすほうがよい。短期的にみれば，これはさして重要でないように見えるかもしれないが，すぐにやっかいなことになる。ここを間違えると高くついてしまうことがあるのだ。最初は手順は複雑に思えるかもしれない。でも，それはすぐに生活の単なる一側面にすぎなくなるだろう。比較的近い将来にこの仕事がなくなるという見通しはない。それは，誰にもわからない。手順が完了すると，またいくつかの山にまとめる。それから適切な場所に入れる。やがて，それらはもう一度使われる。このようなサイクルを繰り返さなければならい。でもこれは生活の一部なのである。

図 5.4　ブランスフォードとジョンソンの実験で用いられた文章
(Bransford & Johnson, 1972 を筆者が翻訳)

合，情報を積み上げただけでは十分に意味の通った表象を構築できず，全体像が分かることで個々の情報を一貫した構造として位置づけることができたのだといえます。

このように，全体像から個々の情報を位置づけていくプロセスを**トップダウン処理**とよびます。日常的にも，ざっくりした内容や話の意図をはじめに示しておいて，それから詳しく説明する，というような順番で話をすることがあります。これは，理解のプロセスから考えると，相手のトップダウン処理を助ける適切な働きかけだといえるでしょう。理解するためには，そもそも何の話かという枠組みや知識を使い，その枠組みを利用することも必要なのだということが分かります。

5.2.3　ボトムアップとトップダウンの相互作用

高橋（1996）は，読解能力の個人差に寄与する要因に着目するためのモデルとして，文字・単語レベルから文章全体の表象構築までを3つの処理レベルでとらえたモデルを提案しています。このモデルのもとでは，3つのレベルにわたる処理が繰返し，同時並列的に行われることで文章理解が進んでいく様子が示されています（図 5.5）。このモデルでは，キンチが示した「ミ

クロ構造からマクロ構造へというボトムアップの処理と，知識やスキーマの影響というトップダウンの処理」の両方が表現されているといえるでしょう。ボトムアップの処理とトップダウンの処理は，それぞれが独立に働くわけではなく，知識やスキーマの枠組みを利用して言葉の意味を把握し（トップダウン），その意味をつなげていく（ボトムアップ）と同時に，作り上げられた表象（ボトムアップ）から関連する知識を呼び出してさらに意味を絞り込む（トップダウン）といったように，2つの方向性の処理が相互に作用しあいながら理解表象を構築していくと考えられます。

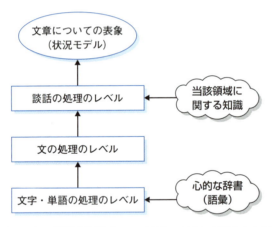

図 5.5　高橋（1996）の説明文読解プロセスモデル（高橋，1996 をもとに筆者が作成）

5.2.4　テキストと知識の融合

　文章を理解することは「一貫した表象を構築すること」だと説明しましたが，それが「自分の知識と結びついた表象」であることが重要であることも指摘されています。文章に書かれた情報だけから構築された表象では，応用的な場面で活用できないこともあるからです。

　図 5.6 に示した文章の理解を例に考えてみましょう（Kintsch, 1998）。この文章に明示的に書かれた内容だけからでも，質問1に答えることはできま

す。しかし，質問2に答えることはできません。質問2に答えるためには，図5.7に示すような心臓の仕組みについての知識が必要です。心臓の仕組みが分かっていれば，この文章に書かれている「中隔」が心臓の左右を隔てる壁であることが分かります。そこから，中隔に欠損があれば，肺静脈の酸素が豊富な血液（赤い）と肺動脈の酸素の少ない血液（黒ずんでいる）が混ざってしまう，ということが推論できます。キンチは，文章のみの情報から構築される表象を「テキストベース」，知識と結びついた理解表象を「状況モデル」とよんで両者を区別しています。応用的な問題に対応したり，より深い探究のためには，テキストベースでは不十分で，状況モデルを構築する必要があると考えられます。

日本の教育の現状に目を向けますと，高校まではテキストベース，大学に

文章「赤ん坊が中隔欠損症をもつとき，血液は肺を通して十分な二酸化炭素の除去ができない。そのため血液は黒ずんでいる。」

質問1「中核欠損症の赤ん坊の血液が黒ずむのはなぜ？」
質問2「中核欠損症の赤ん坊は十分な二酸化炭素の除去ができないのはなぜ？」

図 5.6 **文章の内容理解に関する 2 つの質問**（Kintsch, 1998 をもとに筆者が作成）

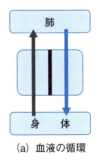
(a) 血液の循環

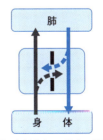
(b) 中核欠損の場合の推論

図 5.7 **血液の循環に関する知識と「中隔欠損」に関する推論の例**
矢印は血液の流れを表す（青：二酸化炭素が除去された赤い血，青黒：二酸化炭素が除去されない黒ずんだ血）。

入って状況モデルが重要視されているといえるかもしれません。そのためか，大学の試験では「こんなの習わなかった！」と面食らう学生が毎年大勢います。授業の内容を自分の経験やその他の授業で得た知識と結びつけた状況モデルの構築を意識することが，大学以降の文章理解のポイントだといえるかもしれません。

5.3 文章理解に影響する要因
5.3.1 文章の内容と構造

　文章理解に影響を与える要因として，文章の内容と構造の2つを考えることができます。**文章の内容**とは，自動車について，歴史について，といった文章中に提示されている情報がどのようなものであるか，を指しています。それに対して，**文章の構造**は，段落構造や章立て，文の書かれ方や提示順序といった，情報がどのように提示されているかを指します。

　まず，内容については，読み手の知識や興味という観点から考えることができます。上に述べたように，もともと知識が豊富な内容であれば，状況モデルを構築しやすいことが推測できます。また，興味のある内容のほうがよりよく理解できることも知られています。知りたい内容については，より集中して注意深く読むことができるからだと考えられます。

　一方，構造は，読み手がその内容について事前に知識をあまり持っていないときに，その理解に大きな影響を与えると考えられています（岸，2004）。文章の構造は，ミクロ構造とマクロ構造の2つのレベルでの「一貫性」の問題として考えることができます。

　ミクロ構造の明確さは，命題間のオーバーラップによって表されます。ある命題と次に示される命題の中に同じ単語が繰り返されていると，命題間のオーバーラップとして認められ，ミクロ構造の一貫性が高いと判断できます。

　一方，マクロ構造の明確さに関わる全体的一貫性は，文章中に情報がどのように提示されているか，どのくらい明確に情報が構造化されているかを指

します。たとえば，適切な見出しや段落分けは，文章中の情報を明確に構造化するものとなり，その文章の構造は明確だといえます。反対に，段落分けのされていない文章や不適切な見出しのある文章は，文章内容の構造に関する情報を読み手に提示しておらず，不明確な構造の文章といえるでしょう。

基本的に，ミクロレベルとマクロレベル両方の一貫性が高いほうが読み手はよりよく理解できるようになります。とくに，読み手の知識や興味が乏しいときや，文章読解の能力が低い（年少の）読み手にとっては，構造が明確にされることによる理解促進効果が大きいといわれています。これは，全体構造が分かりやすく示されることで，理解表象が作りやすくなるからだと考えられます。

5.3.2 読み手のスキル

内容に関する知識や興味以外にも文章理解を左右する読み手の要因があります。ここでは，ワーキングメモリと符号化スキル，読解方略の3つを取り上げてみましょう。

第1章で取り上げた**ワーキングメモリ**の容量が，読解成績と関わることが多くの研究から示されています。一般に，一度にたくさんの情報をワーキングメモリで扱うことのできる人（ワーキングメモリ容量の大きい人）のほうが，読解成績が高いことが知られています（Daneman & Carpenter, 1983；苧阪と苧阪, 1994）。文章を読むことは，処理した情報をワーキングメモリ内にとどめつつ次の情報を処理し，ワーキングメモリ内の情報と結びつける，ということを繰り返して一貫した表象を作り上げることだといえます。ここで，ワーキングメモリ容量の大きい読み手は，より多くの情報をとどめながら新たな情報を処理することができますから，正確な理解表象をより容易に作り上げることができるということです。

また，読み手が単語を読みその意味を理解する**符号化スキル**にも，個人差があります。符号化が自動的に流暢に行われること，つまり，意識せずに単語のまとまりが把握され，素早く意味が分かるかどうかが，文章全体の理解

度と関わります。とくに，年少の読み手や，読解が苦手な読み手に関しては，符号化スキルと文章全体の理解に相関がみられます（Stanovich, 1999）。これは，年少の読み手の符号化スキルに個人差が大きいことを反映しています。符号化が自動的に素早く行われないということは，単語を把握し意味にアクセスするのに要する認知負荷が高い状態を意味しています。単語を読むことやその意味を考えることで頭が「いっぱいいっぱい」になってしまい，文章全体の意味の処理を行う余裕がなくなってしまうのです。より年長の熟達した読み手においては，こうした相関がみられませんが，これは，熟達した読み手の符号化スキルには大きな差がなく，自動化された単語処理がなされているためだと考えられます。

　一方，より年長の熟達した読み手の理解は，その読み方によって大きく影響を受けることが示されています（Cain et al., 2004）。ケインらは中学生を対象とした調査を行い，文章内容について推論したり，自らの理解をチェックしたりする行動をとる読み手の読解成績が高いことを示しました。こうした読み方の影響は，単語の知識や単語処理のスピードの影響を除いても，読み方の違いが読解成績を説明することを明らかにしています。こうした文章全体の読み方のことを「**読解方略**」とよんでいます。読解方略が適切に用いられるかどうかが，符号化処理やワーキングメモリ容量などを越えて，文章全体の理解に関わっているといえます。読解方略は，実践レベルでもさまざまなものが提案されていますが，犬塚（2002）はそれらが3つの因子，7つのカテゴリーのもとにまとめられることを示しています（表 5.1）。

　表 5.1 をみると，語の意味などの部分的表面的な理解不足が生じないようにするための方略，書かれた内容を記憶するための方略，明示されていないことを読みとる方略，というように，用いられる方略のレベルが大きく3つに分かれています。これが，方略の因子として示されていると解釈できます。これらの方略が必要な場面で適切に用いられることで，文章をよりよく理解できるようになります。「読むことが苦手だ」という人の中には，こうした方略を知らない人や，知っていてもどのように使ったらよいか分からないと

表 5.1 読解方略の構造（犬塚 2002, 2009 をもとに作成）

方略因子	方略カテゴリー	具体的な方略の例
理解補償方略 部分的・要素的な理解の躓きを補うための読み方	意味明確化	難しい文は，自分の言葉でかみ砕いて言い直しながら読む。
	コントロール	分からないところはゆっくりと読む。
内容理解方略 文章に明示的に書かれたことの理解や記憶を促進する読み方	要点把握	大切なところに線を引く，コメントや内容をまとめたものを書き込む。
	記憶	難しい言葉や内容は理解しないで丸暗記してしまう。
	質問生成	自分がどのくらい分かっているかをチェックするような質問を自分にしながら読む。
理解深化方略 文章に明示的には書かれていないことに着目した読み方	構造注目	接続詞（しかし，そして，つまり，などの言葉）に注目しながら読む。
	既有知識活用	すでに知っていることと読んでいる内容を結びつけようとしながら読む。

いう人が多くいると思われます。これらの方略を組み合わせて教えることで，学習者の読解力が向上したという報告がたくさんなされています（レビューとして犬塚，2013）。「読書百遍……」というのは「ただ何となく繰り返して読む」というより，表 5.1 に示されているような工夫をしながら自分の理解を深めていく，ということと理解するほうがよさそうです。

5.4 まとめ

　文章を理解することは，「読み上げれば自然と頭の中に内容がインプットされる」ことのように思われがちですが，実は読み手が積極的に一貫した心的表象を構築する活動であるといえます。この理解プロセスはデータ駆動型（ボトムアップ）とスキーマ駆動型（トップダウン）の二方向から行われ，両者が相互に影響を与え合いながら進んでいきます。理解表象は，文章に明示的に書かれた内容に基づく「テキストベース」レベルの表象だけでなく，

読み手の知識と結びついた表象（状況モデル）になることで，現実場面への適用や応用ができるようになります。文章理解には，文章の要因（内容，構造）と読み手の要因（知識，スキル，読解方略など）が影響していて，とくに事前に知識を持っていない内容について読むときには，文章のミクロ構造とマクロ構造の一貫性が高いことや，読み手が積極的かつ適切に読解方略を用いることで，よりよく理解できるようになります。読書百遍……というものの，何も考えずにとにかく百回読めばよいというわけではなく，積極的で適切な読み手自身の活動が必要なのですね。

問　題

Q5.1

あなたがよく知っていて，周りの友達はよく知らないであろうことを1つ思い浮かべてみてください（音楽のこと，スポーツのこと，研究のこと，なんでもかまいません）。その内容についての文章を読むとき，あなたの文章理解プロセスと，周りの友達の文章理解プロセスにはどのような違いがあると思いますか。

memo

5.2

> 文章を読んで，その内容が本当に理解できているかどうかを確かめるには，どうすればよいでしょうか。

memo

5.3

文章理解のプロセスや理解に関わる要因の説明をもとに，どんな文章だと分かりやすくなるか考えてみましょう。

memo

5.1

　もともと持っている知識が少ないことは，まずは単語の符号化を困難にします。これは何も学術書のような内容だけに限りません。たとえば次の文章の意味が分かるでしょうか。

　シャローフラットのストラクチャーに移動したところで本日1本目！スピナベでいけました。45のナイスサイズ。

　これは，ある日のバス釣りについての記録です。知識がない人は，「ストラクチャー」「スピナベ」のような"業界用語"の意味が分からないという点で，表象構築の出だしでつまずいてしまうでしょう。
　一方，知識のある人にとってはこれらの単語によって多くの情報が端的に伝わります。どのような場所でどのように釣れたのか，生き生きしたイメージも浮かぶかもしれません。知識のある人にとっては，これらの単語により関連情報が活性化され，より情報量の豊富な表象が構築されると考えられます。
　また，知識の有無によって文章中の命題間の関連の推論などが影響を受けると考えられます。これもトップダウンの処理の一例です。たとえば，「鞠子は11月に東北のある町で生まれた。体が小さかったことを案じた母がお宮参りに鞠子を連れて行ったのは5月になってからだった」という文章を読んだとき，東北地方の気候やお宮参りの風習を知っていれば，「普通だったら2月くらいに神社に行くけれども，東北では寒いから，体の小さい赤ちゃんが風邪をひいてはいけないと思ったんだろうな」と理解できます。お母さんの優しさやかわいらしい赤ちゃんの様子さえ目に浮かぶでしょう。しかし，これらの知識がない人には，この文を通して書き手が何を伝えたかったのか分からないかもしれません。このように考えると，知

識があることは文章からより豊かな情報を受けとることにつながっているといえるでしょう。これは，文章内容と知識が結びつくことで，私たちの理解が深まることを表しているのです。

A5.2

まず，「本当の理解」とは何か，がここでは問題になります。内容を正確に再現できるかどうか，だとすると，テキストベースが問題になります。この場合，内容についての一貫した表象が作られているかどうかが問題となるので，要点を押さえた要約ができるか，内容を知らない人に説明することができるか，という方法で理解を確認することができるでしょう。一方，状況モデルを重視するならば，応用的な問題を示してそれを解くことができるかで判断しなくてはならないでしょう。たとえば，「てこの原理」についての説明文の理解を確かめるために「プロレスの関節技が効果的な理由」を説明してもらう，「放射線」に関する説明文の理解を確かめるために「放射能除去に細菌が有効だといえるか」質問してみる，といったやり方が考えられます。

より日常的な文章理解の場面に考えると，読んでいる内容が正しいかどうかを積極的に吟味することも必要になります。こうした読解は「批判的読解」とよばれています。「批判的」というと，批評家のように厳しい意見をいうことやあらさがしをすることと思われがちですが，本来の意味は「基準に則って論理的に考える」ということです。「批判的思考」という言葉がありますが，これはさまざまな問題について，鵜呑みにしないで「（科学的な）基準に則って論理的に考える」ということです。

本章では，「正しい内容が書かれている」ことを前提として「それをどのように理解するか」を中心に説明しましたが，日常的に私たちが目にする文章には，その正しさが保証されないものもたくさん含まれています。教科書や科学論文だけでなく，新聞や雑誌，インターネットなど，私たち

が「読む」文章はさまざまですから，批判的読解が重要です。文章内の一貫性を吟味するとともに，自分の知識を積極的に用い，他の文章に書かれていることと照らし合わせることで，文章に書かれている内容をその妥当性を含めて理解することが「本当の理解」の最終ゴールといえるかもしれません。

A 5.3

まず，読み手がどのような特徴を持っているかを考える必要があります。小学生に向けて文章を書くときと，専門家に向けて書くときとでは，語彙や表現の「分かりやすさ」の基準が異なるでしょう。その上で，どのような読み手に対しても重要なのは以下の2点だといえるのではないでしょうか。

第1に，ミクロ構造とマクロ構造が明確な文章は分かりやすい文章になります。文が短くオーバーラップがあることで，読み手がより容易にミクロ構造を把握できるようになります。また，マクロ構造を明確にするために，段落分けや見出しが全体をよく表しているかどうかを検討することが重要です。

ただし，知識が豊富な読み手を対象とした研究（McNamara & Kintsch, 1996）では，構造が明確な文章の読解時より，むしろ，構造が不明確な文章の読解時に，より深い理解を示すという「逆一貫性効果（reverse cohesion effect）」も報告されています。熟達者が，知識に基づいて自らミクロ構造やマクロ構造を明確化する必要性を感じ，積極的な処理を行ったためにこのような現象がみられたのではないかと考えられます。つまり，必要な方略や知識を持った読み手であれば，文章の困難さが積極的な処理を促すため，理解が向上すると考えられるのです。このように考えると，原則としてはミクロ構造やマクロ構造が明確な文章を書くことが分かりやすい文章のポイントといえますが，読み手の特徴によってはそのように言い切

れない場合もあるといえます。相手の知識レベルを考えて，必要な推論の量をコントロールできればよいのですが，そのような個別の調整は難しそうですね。

　第2に，読み手のトップダウンの処理を促進する工夫があるとよいでしょう。新規な内容について説明する場合でも，読み手が知っていそうな内容を初めに具体例として示すことや，読み手に関連する経験を思い出すよう促すことで，あらかじめ持っている知識を適切に活かすことができると考えられます。こうした知識の活性化は，結果として読み手が適切な状況モデルを構築することにもつながると考えられます。

上手に料理を作るには
——問題解決

世界は「問題」に満ちています。というと，たとえば領土をめぐる紛争や食糧問題を想像するかもしれません。しかし，そうした重大で深刻なものだけが「問題」ではありません。心理学の観点からは，算数の問題も「問題」ですし，水槽をきれいにすることや，チェスで勝つこと，おいしい夕ご飯を作ることも「問題」です。このように例をあげていくと，"では「問題」とはなんだろう？"と疑問に思われるかもしれません。心理学では，「問題」を「目標とする状態と現在の状態の間に差があること」と定義しています。たとえば，テーブルにご飯とおかずが並ぶことが「目標状態」だとすると，どうやって何もない「現状」から目標状態にたどり着くかが問題です。領土をめぐる紛争や食糧問題の場合も，「お互いが自分の領土に満足すること」や「飢える人がいなくなること」が目標状態だとすると，現状との間には大きな差があります。私たちはどんなふうに考えてこれらの問題を解決しようとしているのでしょうか。また，どうすればよりよく問題を解決できるのでしょうか。

6.1 さまざまな問題解決

6.1.1 問題の要素

ニューウェルとサイモン（Newell & Simon, 1972）は，問題解決のプロセスを「頭の中で問題空間を移動し，徐々に目標に近づいていく過程」と表しました。つまり，現状（「初期状態」とよびます）から目標状態へと状態を変えていくやり方を見つけることを問題解決と考えるのです。料理の例でいえば，冷蔵庫から肉を取り出す，包丁で切る，焼くといった作業を通して問題が解決されます。このような問題解決につながる手段のことを「オペレータ」とよんでいます。オペレータを実行するときには，しばしば条件があります。キャベツとニンジンは使わなくてはならないとかコンロが1つしかない，というのはそうした条件の例といえるでしょう。このような問題解決を

するときに満たさなくてはならない条件を**制約**とよびます。つまり，問題解決とは，「問題空間の中で，初期状態から目標状態に近づいていくためのオペレータを見つけ，制約を逸脱せずに，そのオペレータを実効していく活動」なのです。私たちは実にさまざまな問題に取り組んでいますが，それらは「初期状態」「目標状態」「オペレータ」「制約」という問題空間を構成する4つの要素からとらえることができるのです。

このとき，「何が目標でどんな手を使えるのか」そして「今はどんな状態か」がわからないまま問題を解決するのは難しいでしょう。問題空間を構成する要素が明確な問題を，心理学では「**良定義問題**」とよんでいます。その問題がどのような問題であって，解決のために取り得る手段はなにかということがしっかり「定義されている」というわけです。

ただし，これらの要素は常にはっきりしているわけではありません。領土問題や食糧問題もそうですが，より身近な問題，たとえば，「素敵な恋人を見つける」という問題もそうです。現状をどのように評価するかを的確に定義するのは難しく，また，目標状態にたどり着くためにはどんなやり方（オペレータ）があり得るのか分からないことも多いですね。いくつかのやり方を教えてもらったとして，その方法を実行するときの条件（制約）が分かりません。「異性の連絡先を聞く」という方法が恋人を見つけるのに有効だとしても，それを実行できる場合とできない（逆効果になる）場合があることはお分かりになると思います。料理は比較的要素がはっきりした問題解決のようですが，たとえば目標状態がはっきり定義されているかというとそうでもありません。このように考えると，日常生活の中で取り組んでいる問題の多くは，問題空間が明確に定義されていない「**不良定義問題**」といえるでしょう。しかし，いきなり「不良定義問題」について考えるのは難しいですから，ここでは，「良定義問題」がどのように解決されるかを考え，そこから私たちが日常的に取り組んでいる「不良定義問題」へのアプローチを考えてみることにしましょう。

6.2 問題解決の方略

人間は「良定義問題」にどのように取り組むのでしょうか。問題解決への取り組み方は,「オペレータをどのように選び実行するか」で表現することができます。心理学では,オペレータの選択と実行の仕方を「**問題解決方略**」とよんでいます。ここでは,人間が問題解決で用いる方略をいくつかみてみましょう。

まず,「あり得るオペレータをすべて吟味して確実に解決に至る道筋を見つける」というやり方をあげることができます。これは「**しらみつぶし方略**」とよばれています。問題が簡単な場合,たとえば分かれ道が2つしかないような簡単な迷路であれば,確かにしらみつぶし方略が有効です。どちらに行けばゴールにたどり着くか,すべての選択肢を検討した上で確実なものが選べるからです(図6.1)。

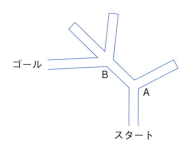

図6.1 **分かれ道が2つの迷路の場合**

しらみつぶし方略のように,正しく実行すれば必ず解決にたどりつくことが保証されている方略のことを「**アルゴリズム**」とよびます。しかし,途中で分かれ道がいくつもあるような,もう少し複雑な問題や迷路だったらどうでしょう。しらみつぶし方略を用いてすべての分岐をチェックするのは難しくなりますし,少なくともあまり効率的なようには思われません。料理を作る場合も,作り得るすべての料理をリストアップしてから何を作るか決める,

というやり方をする人はおそらくいないでしょう。どうやら人間はもう少し素早く効率的に問題を解こうとしているようです。

では次に，図 6.2 に示した問題をもとに考えてみましょう。皆さんはこの問題をどうやって解きますか？

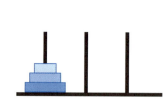

3本の塔があり，その左端に3枚の円盤が重なっています。円盤は一番上が一番小さく，下に行くほど大きなものになります。
この円盤を動かして，右端の塔に積み上げてください。ただし，一度に動かしてよい円盤は1枚だけです。また，小さい円盤の上に大きい円盤を乗せてはいけません。

図 6.2　ハノイの塔

このパズル問題は「ハノイの塔」とよばれています。初期状態（左端の塔にすべての円盤がある）と目標状態（右端にすべての円盤がある），オペレータ（円盤を動かす），制約（一度に1枚，より大きな円盤の上に重ねる）すべてが明確な「良定義問題」として，問題解決の研究でよく用いられてきました。

さて，この「ハノイの塔」を試しに子どもにやらせてみると，はじめはとにかくガチャガチャと円盤を動かします。隣に動かし，すぐに戻してみたり，あまり秩序があるとはいえないやり方です。こうやってとにかく出来そうなことをいろいろ試してみる，「ああこれではだめだ」と分かったらもう一度何か違うことを試してみる，という問題解決のあり方は「試行錯誤」とよばれます。こうしていわば「なんとなく」がむしゃらに動かしているうちに，なんとなく出来てしまった，ということもあります。ハノイの塔に限らず，解決までの道筋がよく分からないとき，このような試行錯誤による問題解決が行われやすいといえます。

しかし，人は常にこのように行き当たりばったりに試行錯誤しているわけ

6.2 問題解決の方略

ではありません。ハノイの塔でも，はじめの何回かは試行錯誤してみるものの，途中からは，考えながら一つひとつ確実に動かして，無駄な動きなく解決する，という行動をとる子どももいます。大学生くらいにこの問題を出しますと，その多くが，（少し考えこんだりしながらも）はじめから無駄な動きをほとんどせずに解決していきます。このとき，頭の中ではどんなことを考えているのでしょうか。

迷うことなく円盤を動かした学生に聞いてみると，「とにかく一番下の大きい円盤を右端に動かすためにどうしたらよいか考えた。そのためには中くらいの円盤を真ん中に置かなくてはならないから……」などと説明してくれます。説明の仕方は違っても，うまくハノイの塔を解いた学生の多くが「目標を立て直している」ことに気がつきます。上にあげた学生の場合は，「一番大きな円盤を右端に動かす」という目標を立て，さらにその目標の手前に「中くらいの円盤を真ん中に置く」という目標を立てているのです（表6.1）。

表6.1 ハノイの塔の目標

最終目標：右端にすべての円盤を積む。
下位目標1：大きな円盤を右端の一番下に置く。
下位目標2：小さな円盤と中くらいの円盤を真ん中に積む。
下位目標3：中くらいの円盤を真ん中の一番下に置く。
下位目標4：小さな円盤を右端に置く。

ハノイの塔の最終目標は「右端にすべての円盤を動かす」ことですが，その目標の前の段階に注目して目標を立てているのです。このように「最終目標にたどり着く前の目標」のことを「**下位目標**」とよびます。

ニューウェルとサイモン（Newell & Simon, 1972）はこうした人間の問題解決のやりかたを **GPS**（General Problem Solver）というシミュレーションモデルにしました。ここで使われている方略は，まず現在の状態と目標状態を比べて目標状態に近くなるようなオペレータを実行することです。すぐに

その目標状態にできる場合にはそうすれば問題解決，終了です。しかし，ハノイの塔では，すぐに目標状態に近づけるオペレータがありません。このようなときには，先にあげた大学生のように，目標状態と現在の状態の間に「下位目標」を立て直します（表6.1 下位目標1）。しかし，ハノイの塔の場合，初期状態からいきなり大きな円盤を動かすことはできませんから，下位目標1をすぐに達成するオペレータはありませんね。その場合，また次の下位目標を立てます（下位目標2）。このようにして，すぐに実行できるオペレータが見つけられるまで下位目標を作っていきます。表6.1にあげた例からは，下位目標4を達成するオペレータはすぐに実行できます。すると，次に下位目標3を達成するオペレータを実行できるようになります。このようにして，最終目標からスタートして，じりじりと後ろ向きに進みながら下位目標を立てていき，それを達成するオペレータを実行していく方略を「**手段―目標分析**」とよびます。

「手段―目標分析」の強みは，試行錯誤より着実に，またしらみつぶし方略よりも効率的に最終目標にたどり着けることです。しらみつぶし方略は必ず成功するアルゴリズムですが，ハノイの塔をしらみつぶし方略で解決しようとすると，道筋をすべて検討した後で，その中の1つを選ぶということになりますから，かなり時間がかかります。ハノイの塔のように比較的シンプルで，解決までの手数の少ない問題ですらそうなのですから，もっと手数の多い問題（たとえばチェスや複雑な迷路）をしらみつぶし方略で解決するのはかなり困難です。したがって，すべてのあり得る道筋を検討するやり方より，「手段―目標分析」を行うほうがずっと早く目標にたどり着ける場合が多いといえます。成功が確実ではないものの，効率的な問題解決の方略のことを「**ヒューリスティック**」とよびます。「手段―目標分析」は代表的なヒューリスティックの一つなのです。こうしたヒューリスティックを使って無駄なく素早い問題解決をしようとするのは，人間の認知の重要な特徴です。

手段―目標分析は，どのような問題にも使える方略であるということも「強み」だといえるでしょう。例にあげた「ハノイの塔」だけでなく，良定

義問題であれば（時には不良定義問題であっても）その内容を問わず，手段—目標分析を用いて効果的な問題解決を行っていくことができると考えられます。

6.3 エキスパートの問題解決

　手段—目標分析は，人間の問題解決のあり方をとてもよく表しているように思われますが，実際の問題解決行動をみていると，人は必ずしも手段—目標分析のようなやり方で問題解決をしているわけではないことが分かってきました。

　サイモンとサイモン（Simon & Simon, 1978）の研究では，物理学のエキスパートと初学者に問題を解かせてそのプロセスの違いを検討しました。この研究では，「公式が分からないからできない」ということがないよう，いつでも必要な情報を参照できるようにしていました。しかし，たとえ必要な公式をすべて参照できても，初学者のほうが問題を解くのに長い時間がかかったり間違えたりしました。

　ここまではなんとなく想像できますが，おもしろいのはエキスパートと初学者では問題を解決する道筋が異なっていたというところです。エキスパートは問題を読むと，与えられた条件から算出できるものをすぐに算出していました。計算を実行する際に，それが問題解決にどのような意味を持つのか，果たしてその計算が目標に近づいているのか，というようなことにはほとんど言及しませんでした。一方，初学者は「目標（答えを出す）に対して適切なのは何を計算することか」を考え，そこから適用可能な公式を見つけていく，というやり方をしていました。初学者の問題解決は手段—目標分析のように「後ろ向き」だったのに対して，エキスパートはそのようなやり方をしなかったのです。サイモンとサイモン（1978）は，エキスパートは問題を読んでその物理的な状態を適切に表象することができるのだと考えました。問題を読むことでその表象が作られるので，その中の未知の値を自然と求め，

それによって結果的に問題解決が可能になるというわけです。このような表象を作ることは初学者には難しいため，意識的に「目標を達成するために何をすべきか」を考え，そこから解決方法を見出していく必要があったのです。

このように，特定の領域について経験や知識が豊富な人（エキスパート）は，手段―目標分析のように，最終目標からさかのぼって何をすべきか考える，というような後ろ向きの問題解決はあまりしないようです。手段―目標分析のような方略はむしろ初学者のもので，エキスパートは，初期状態から徐々にオペレータを実行する方向で問題解決を行っているようです。よく知らない問題であり，かつ良定義問題の場合，人は手段―目標分析を行いますが，知識や経験がある場合は違うやり方をするのです。

6.4　創造的問題解決

さて，ここで少し良定義問題から離れて違ったタイプの問題を考えてみましょう。図6.3の「9点問題」が解けるでしょうか？　正解はp.112にありますが，まずは自分で考えてみましょう。

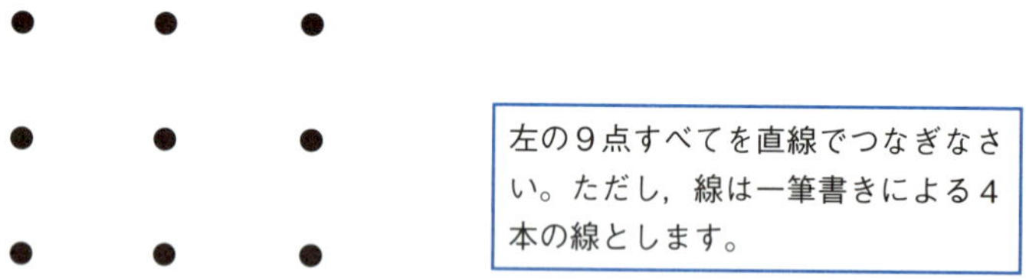

図6.3　9点問題

この問題は単純にみえますが，解決するのは簡単ではありません。問題を構成する要素は明らかになっていますから，「不良定義」とはいいにくいですが，最終目標から下位目標を立てるのは難しいでしょう。図6.4に示すような試行錯誤をして「ダメだー！」とあきらめてしまった人も多いのではないでしょうか。この問題で難しいのは制約を守るということです。図6.4の

6.4 創造的問題解決

解答ではすべての点がつながっていませんから，最終目標を達成できていません。しかし，このまま残る1点をつなごうとすれば，線は5本になってしまいますから，これも制約を満たしていません。

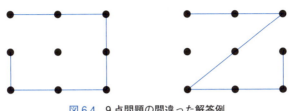

図 6.4　9点問題の間違った解答例

　では正答をみてみましょう（図 6.5）。これなら4本の線の一筆書きで9点すべてをつなぐことができますね。正答が分からなかった人はこれをみて「ああそうか！」「なんだそういうことか！」と驚かれたのではないでしょうか（たまに「だまされた！」と言う人もいますが，別にだましてはいませんよね）。こうした問題解決のあり方は，認知心理学の問題解決研究が本格化する前から「洞察」として取り上げられてきたものです。「洞察」は，徐々に目標に進むというより，どうすればよいか分からない手詰まり状態から，急に目の前が開けて解決策がひらめくような問題解決プロセスを指しています。洞察の問題解決プロセスは，ハノイの塔の例でみたような一歩一歩答えに近づいていくような問題解決とはずいぶん印象が異なりますが，「制約」の観点から理解することができます。

　9点問題が難しいのは，9つの点を見るとそれを1つのまとまりとしてとらえてしまう人間のものの見方が背景にあります。そのような見方をしてしまうことによって「この9つの点で構成される四角をはみ出してはいけない」という制約を，人間が"勝手に"作り出してしまうのです。そのような制約がないことに気がつく，9つの点で作られた四角形というとらえ方を離れる，ということができなければこの問題を解決することはできません。このような，もののとらえ方が新しくなる，という経験が「ひらめき」であ

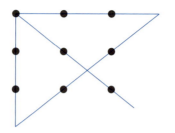

図 6.5　9 点問題の正答

り，洞察による問題解決の特徴だといえるでしょう。

　私たちが問題を解決しようとするときに，9 点問題のときと同じように"勝手な制約"を持ってしまうことがよくあります。9 点問題のように私たちが持っているもののとらえ方の傾向から生まれることもありますし，経験によって「こうするものだ」「こうとらえるのだ」と学習してしまった結果として生まれることもあります（Luchins, 1942）。したがって，洞察による問題解決とは，問題空間のとらえ直しだともいえます（Kaplan & Simon, 1990）。袋小路に入ってしまう問題空間から，不適切な制約を取り除いた適切な問題空間に切り替えることで問題解決ができるようになるのです。

　通常私たちは，「創造的」「クリエイティブ」という言葉から「0 から何かを生み出す」ような思考や活動を想定しがちですが，それだけでなく，"勝手な制約"を取り払って，新しいものの見方をすること，そしてそれにより問題解決することも，大変創造的な営みだといえます。料理にもさまざまな"勝手に作られた制約"がありますが，それを取り除くことでより独創的でおいしいメニューを作り出すことができます。たとえば，果物はデザートとして食べるもの，という制約をなくすことで，肉料理に合うソースを作ったり，サラダをよりおいしくしたりすることができるでしょう。

　このような創造的な問題解決については，ワラス（Wallas, 1926）の研究が有名です。ワラスは，科学者たちがどのような思考プロセスで発見や新しいアイデアを導いているのかを調査しています。そこから，洞察のプロセス

として，①心的準備，②孵化，③啓示，④検証，の4段階があることを提示しています。心的準備段階とは，ちょうど9点問題に集中して，「ああでもない」「こうでもない」と試しては失敗している状態を指しています。この段階では，いろいろなやり方を試してみますが，たとえば手段—目標分析のような問題解決方略だけでは，制約に邪魔をされてしまうので適切な答えを導き出すことはできません。その後の孵化段階は，「あたため段階」ともいわれます。直接的意識的にその問題に取り組むのではなく，少し離れる段階です。この段階が，問題解決を阻害している制約を緩めるために必要だと考えられます。気分転換をしたり，違う課題に取り組んだりしているうちに，ひらめきが訪れるのです。このひらめきの段階を啓示とよんでいます。このひらめきは突然やってくるものといわれています。夢の中でヒントをつかんだ，というような逸話もあります。啓示段階でひらめきを得たときには，「これだ！」というような強い確信を同時に感じることが多いようです。その後の検証段階では，啓示段階でのひらめきが本当に機能するか，妥当な解になっているかを確かめます。

　ワラスの「孵化段階」の説明や自分自身の9点問題の解決プロセスを振り返ってみると，洞察は突然やってくる，瞬間的に答えが思い浮かぶ，というもののように考えられます。では，洞察につながる要因としては何があるのでしょうか。洞察に成功する人の特徴を分析した研究からは，問題解決に取り組み始めた最初のうちにどのくらい制約にしばられない解を試すか，そしてそれを適切に評価できるかが関わっている，ということが示唆されています（鈴木たち，2005）。たとえば，9点問題に取り組んでいるときに初めからはみ出した線を考え，「この方向でいけそうだ」と評価する人のほうが洞察に至りやすいと考えられます。また，寺井たち（2005）は，「これまでに考えていたやり方ではダメだ」と気づかされたときに，制約を緩めるような問題の見直し方ができるかどうか，に注目しています。解がみつかるのは一瞬ですが，その前にそのひらめきを支えるような問題のとらえ方の変化が起きているようです。

6.5 まとめ

　本章では，ハノイの塔のように目標に向かって徐々に解決する道筋をたどっていく問題（「探索タイプ」）と，9点問題のように問題のとらえ直しによって一気に解決の道筋が見える問題（「洞察タイプ」）の2つを取り上げて，問題解決のプロセスを概観しました。探索的問題解決では過去の経験や知識をもとによりスムーズに前向きの問題解決がなされるようになる一方で，洞察的問題解決では，そうした過去の経験や知識が"勝手な制約"を作り出して問題解決を妨害するという違いがありました。探索タイプと洞察タイプは，2つの異なるプロセスというより，制約の位置づけの違いを表していると考えられます。「パズルは必ず洞察タイプ」というように決まっているわけではありません。同じ「料理」という問題でも，制約のあり方によって，探索的問題解決になる場合もあれば，洞察によって解決される場合もあるのです。問題を解決するためには，過去の経験を活かしつつ，それにとらわれない，ということがポイントのようです。自分の周りにあるさまざまな問題に対しても，探索的な問題解決方略を用いてみるのと同時に，自分の問題の見方が固定的になっていないか，何か"勝手な制約"を持っていないか，問題のとらえ方を見直してみることが解決につながるかもしれません。

> あなたが日常的に行っている問題解決を 1 つ取り上げて，そのときのあなたの問題解決プロセスを考えてみましょう。どのようなタイプの問題解決になっていますか？

memo

6.2

> 最近見た「オリジナリティのある作品」あるいは「革新的な商品」を1つ思い出してみましょう。「その発想はなかった！」「すごい！新しい！」と思ったものを思いうかべるとよいですね。その作品や商品の「オリジナリティ」や「革新性」はどのような点にあるでしょうか。洞察の観点から説明してみましょう。

memo

Q6.3

図 6.6 の問題を見てください。この問題が解けるでしょうか。1 番が例になっていますので，これにならって回答欄を埋めてみましょう。面倒に思えても飛ばさず，順番に全部やってみてください。

くむことができる水の量が違う A ～ C の 3 つの水がめがあります。この 3 つを使って，ちょうど必要な水の量をくむためにはどうしたらよいでしょうか。ただし，「半分くむ」というような使い方はできません。

問題	必要な水の量	くめる水の量			答え
		A	B	C	
1（例）	100	21	127	3	B − A − 2C
2	99	14	163	25	
3	5	18	43	10	
4	21	9	42	6	
5	31	20	59	4	
6	20	23	49	3	
7	18	15	39	3	
8	25	28	76	3	
9	22	18	48	4	
10	6	14	36	8	

図 6.6　ルーチンスの水がめ問題

8 番以外はすべて B − A − 2C で解決することができます。「そうそう 8 番の答えを出すのに手間取ったよ」という人が多いのではないでしょうか。では，6 番や 7 番も，8 番と同じように，B を使わずに A と C の水がめだけで簡単に解くことができるのには気がついたでしょうか？ 9 番や 10 番はどのように解きましたか？　多くの人にとって 8 番が難

しいのはなぜでしょう。また，6番と7番，9番，10番をどうやって解く人が多いと思いますか？　なぜそう考えられますか？　説明してみましょう。

memo

A 6.1

　本章のはじめに述べたように，世界は問題に満ちています。私たちは常に問題解決をしています。日常的に頻繁に取り組んでいる問題や得意な問題については，「どのような方略を使うか」を意識的に考えてはいません。その場合，「問題」として意識することも少ないかもしれません。料理を作り慣れている人の場合，材料が示されたらすぐに手際よく作業にかかり，何をどうするかいちいち考えてはいないようです。子どもを見ていると，「ブロックを組み立てておうちを作る」という問題についてはプランを立てる様子もなく，すぐに特定のブロックを手に取って家をどんどん作っていきます。どのブロックをどのように使えばイメージしている「おうち」になるか分かっているようです。

　しかし，同じ種類の問題でも難度があがることで「手段―目標分析」のようなやり方をすることがあります。先ほどと同じ，子どもたちがブロックで遊ぶ場面でも，「ヘリコプターを作る」というときには，「これでプロペラを先に作る」「プロペラをくっつける場所と大きさが合うように作らないと」といったような「下位目標」を立てている様子がみられます。違う例をあげると，オセロをするときにも，「角を取る」ということを「下位目標」として設定し，そのために「置いてはいけない場所」を考える，というような後ろ向きの問題解決をしているようです。

　仕事や学業についても同じように考えることができそうです。決まったパターンのある仕事や典型的な課題であれば，「前向き」の問題解決行動をとりますし，それが少し難しいものであれば「後ろ向き」の方略をとるでしょう。

　また，必要に迫られて洞察的な問題解決をすることもあるでしょう。たとえば，煮込み料理を作りたいのに外出しなくてはならない，というときに炊飯器を使う，というのは必要に迫られて生じた洞察的問題解決の例と

いえるかもしれません。私たちは，あるモノ（炊飯器）の習慣的な機能（ご飯を炊く）にとらわれて，そのモノが持っている他の使い方を思いつきにくくなっています。ドゥンカー（Duncker, 1945）は，これを「機能的固着」とよびました。炊飯器で煮込み料理をする，というのは，「炊飯器はご飯を炊くもの」「煮込むためには火が必要」という機能的固着，あるいは"勝手な制約"を取り除いたときに生まれる洞察タイプの問題解決だといえるのです。

6.2

　私が最近感動した「革新的な商品」は「石鹸ほど大きさの『洗濯機』」です。洗濯機は「水を溜める部分があって，それを回転させるもの」，と思われていますが，その商品は「水槽（バケツや風呂桶）に水をため，その中にこの『洗濯機』を入れて洗う」，という仕組みだということです。この原稿を書いている時点ではそのような商品がどの程度本当に機能するのか不明なところも多いようですが，私たちが当たり前だと思っていたこれまでの洗濯機の姿かたちを逆転させるという発想は大変面白いと思いました。

　このように，私たちが「革新的」と感じるのは，何かが「ゼロから生まれた」という場合だけではなく，既成の概念（「洗濯機とはこういうものだ」という思い込み）や商品を踏まえ，そこにある"勝手な制約"を越えることで生み出されているといえます。むしろ，まったく前例となるもののない「オリジナル」なものはとても少ないのではないでしょうか。たいていの革新的な作品や商品は，私たちの「当たり前」を崩すことで生まれているのです。このように考えると，袋小路から抜け出して「革新的」「オリジナリティのある」作品や商品を生み出す，創造的思考のためには，これまで当たり前だと思っていた前提や条件，決まりごとが「本当に変えられないものなのか」を考え，制約を越えた洞察が必要になるといえます。

A 6.3

　これは，ルーチンスの「水がめ問題」として有名な問題です。大変古い研究ですが，多くの人にとって9番が難しいことからは，経験が後の問題解決に及ぼす影響について考察できます。

　問題2は試行錯誤や探索タイプの問題解決方略で解決できるものです。1番で適用した問題解決を試しに適用する人もいるでしょう。いずれにしても，1番と同じように，「B−A−2C（163−14−2×25）」で求めたい水の量（99）を得ることができます。次の問題も同じように解くことができますね。次も，その次の問題も同じやり方で解けます。実際にやってみると，8番を除くすべての問題は同じやり方で解けることが分かります。このように，経験した解決方法を次の問題解決に適用することを「転移」とよびます。この問題のように同じ種類の問題の場合，比較的転移が起こりやすいため，多くの人は初めのほうの問題の解決方法を後の問題に転移させるのです。

　転移は問題解決を効率よく進めるための重要なプロセスですが，同じやり方を繰り返すことで，「いつものやり方」以外に目を向けなくなってしまうことがあります。このように考えが固定化されてしまうことを，ルーチンスは「学習の構え」とよびました。この問題の場合，1番から7番までの問題を解く経験の中で，「BからAとCを引く」という学習の構えの中でしか答えを探そうとしなくなってしまうのです。その結果，8番の問題を解くときにも同じやり方を適用しようとして「なかなか解けない」という経験をするのです。実際に答えが分かってみれば，8番の答え（A−C）はシンプルで，むしろ他の問題より簡単です。それにもかかわらず，8番で手間取ってしまうのは，学習の構えが原因だといえるでしょう。

　また，6番や7番，9番，10番の問題も，8番同様にBを用いない簡単なやり方で解くことができます。しかし，6番と7番はそれまでのやり方

（BからAとCを引く）で解く人が多いですし，8番で違う解き方を経験した後でも9番ではそれまでと同じやり方（B－A－2C）で解こうとする人が少なくありません。皆さんはどうでしたか？

　学習の構えも一つの"勝手な制約"の例といえるでしょう。水がめ問題では，学習の構えにとらわれずに考えることが有効ですが，「このやり方でうまく出来た」という私たちの経験がそれを邪魔してしまうのです。

第7章 未知の世界を理解する
——類推

　車にガソリンを入れていたときのことです。娘に「なんでガソリンがいるの?」と質問されました。「まりこちゃんもご飯食べるでしょう?」と答えると「車もおなかが減るのかー」と納得した様子です。やれやれと思ったら,「じゃあ,ガソリンがなくなったら動けなくなっちゃう?」「ガソリン以外のご飯は食べないの? お水は?」「ガソリンたくさん食べたら大きい車になるの?」「ねえ,じゃあ車のウンチは?」とむしろ質問を増やしてしまいました。

　ありがちな親子の会話ですが,このやりとりには,人間が「未知の世界を理解する」ために行っている重要な心の働きが表れています。未知の内容について,よく知っている何かを参考に理解するという心の働きは,子どもだけでなく大人にもみられ,「類推(analogy)」とよばれます。「類推」は私たちが未知の世界を理解するのを助け,新しい発見も生み出します。ホリオークとサガード(Holyoak & Thagard, 1995)は類推を,"心の跳躍(mental leap)"と表現しました。類推は,知っている世界(人間)から未知の世界(車)に跳躍し,2つを結びつけることで,未知の世界について理解する私たちの心の働きだというのです。私たちが未知の世界に踏み出すのを助ける類推について,紹介しましょう。

7.1　類推とは

　類推は,「ある状況を別の状況に対応させて理解すること」と定義できます。ここで,理解しようとしている状況や対象を「**ターゲット**」,もともと知っている状況のことを「**ベース**」とよびます。上の車の例では,ベースとターゲットの間に図7.1のような対応づけ(写像/マッピング)がなされています。ポイントは,人間と車を結びつけると,それに関連した要素についても対応づけて理解しようとする点です。この対応を利用すると,単独では説明の難しい対象や概念についても,子どもでも理解できるようになります。たとえば,娘は「たくさんご飯を食べる子もあんまり食べない子も同じだけ

走ることができる」という例から「燃費」の概念についても理解することができました。一方で，うまく対応がつかないところもあります。たとえば，人間の場合はご飯をたくさん食べれば体が大きくなりますが，車はそうはなりません。うまく対応しないところを含みつつ，それを上回る「うまく対応するところ」があるときには，類推を用いることが私たちの理解を大きく助けてくれるのです。また，複数の類推が成り立つときに，より多くの「うまく対応するところ」を含む類推のほうが「よい類推」だといえます。

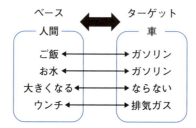

図 7.1　子どもによる「人間」と「車」の類推

　新しい状況や概念について説明するとき，私たちはどれだけ「うまく対応するところ」があるかを判断して，理解を助ける類推を促そうとしているといえます。このように，類推を使うことで，新しいことをより効率よく学ぶことができます。また，類推によって実際に目に見ることのできない世界についても考えたり推論したりできます。たとえば，私たちは音を目で見ることはできませんが，「音波」という言葉があるように，「波のような性質」を持っていると考えることで，遠くに行くとその大きさが小さくなるだろう，物体にぶつかったら跳ね返るだろう，と音がどのように伝わっていくかを推論することができます。これは「音」をターゲット，「波」をベースとした類推ですね。このような類推から多くの科学的な仮説が発展していることが知られています。実際に経験することができない世界について，いくつかの手がかりを元に類推を行うことで，新たな仮説を生みだすことが可能になったのです。

7.1 類推とは

　ホリオークとサガード（1995）は，類推の意義としてもう一つ，「相手に遠まわしに伝える」ことをあげています。「遠まわしに伝える」ことはあまり有用なようには思われないかもしれません。しかし，正面からストレートな主張を述べるより，「遠まわしに伝える」ほうが相手によく伝わる場合があります。たとえば，失敗したのをごまかしている人に対して「ごまかさずに失敗に向き合いなさい！」とストレートに言ってしまってよいか，悩んでしまいますね。相手が偉い人なら失礼になりそうですし，反抗期の子どもならかえって反発してしまって逆効果かもしれません。そのようなときに，図7.2 の「すっぱいブドウ」のお話をみせたらどうでしょう。「自分もキツネみたいに気持ちをごまかしてるかもしれないな」と，失敗した相手が進んで「自分のことに置き換えて考え反省する」ことが期待できるかもしれません。そっと相手に自分自身の振り返りを促すようなメッセージを類推にこめて遠まわしに伝えることで，相手によりわかってもらえることがあるのです。ただし，嫌味だと受けとられてしまう危険性もありますから，どのような類推を促すかは注意深く選んだほうがよさそうですね。

【ベース「すっぱいブドウ」】
腹をすかせたきつね君，支柱から垂れ下がるぶどうの房を見て，取ってやろうと思ったが，うまく届かない。立ち去り際に独り言。「まだ熟れてない」
（『イソップ寓話集』中務哲郎（訳）（岩波文庫）より）
【お話A】
お腹を空かせたきつね君，おいしそうなブドウが枝から垂れているところに通りかかりました。きつねはどうにかしてブドウを取ろうとしましたが，うまく届きません。そこで仲良しのくまさんに肩車をしてもらって，たくさんブドウを取りました。
【お話B】
ジャックはエレンのことをとても愛していた。彼女は美しく，同性からも異性からも好かれる性格の持ち主だった。ジャックはエレンに好かれるために，仕事を手伝ったり，彼女が好きな歌手のライブに誘ったり，プレゼントをしたり，大変な努力をした。しかし，彼女はジャックを恋愛対象として見ている様子がなかった。ジャックは「エレンはそれほど美人でもないし，性格も冷たい。そんなに本気じゃなかったさ」と言って，彼女の気を惹こうとするのをやめた。

図 7.2　「すっぱいブドウ」とそれに「よく似た」お話

7.2 類推のプロセス

7.2.1 類推のプロセス

では類推はどのような順序で実行されているのでしょうか。類推には4つの段階を考えることができます（Holyoak & Thagard, 1995）。まず，ベースについての情報を記憶の中から想起することが必要ですから，初めの段階は「ベースの選択」になります。「車」について問われたときに「人間」を類推のベースとして選ぶ段階です。次に，ターゲットとベースを対応づけて推論する「対応づけ」の段階があります。「人間―ご飯」と「車―ガソリン」を対応させて，「人間はご飯を食べて動くためのエネルギーを得る」ということから「車はガソリンを食べて動くためのエネルギーを得る」と考える段階です。

3つ目は類推の「評価」の段階です。たとえば，車について，人間をベースとすることでよりよく理解することができたでしょうか。「なるほど」と腑に落ちる場合には，この類推による理解が成功したといえます。一方，類推してみても「なんだかしっくりこない」「よく分からないなあ」ということもあるでしょう。その場合は類推がうまくいかなかったということです。このように，対応づけの後には類推がうまく働いたかどうか，評価する段階があるのです。

最後に，これらの類推に基づいて一般的な知識を身につける「学習」の段階があります。類推がうまくいった場合には，ベースに基づいて，ターゲットについて理解する，つまりはじめの例でいえば，「車にガソリンを入れる」とはどのようなことなのかを理解するというわけです。

7.2.2 類推を導く3つの制約

上に述べたようなプロセスはどのように生み出されているのでしょうか。類推の4つの段階の中でも，カギとなるのはベースとターゲットをいかに対応づけるかという段階です。そこで，類推の研究者たちは，そこに注目して

7.2 類推のプロセス

研究を進め，いくつかの制約がお互いに影響し合いながら満たされていく中で対応づけが行われると考えるようになりました（Holyoak & Thagard, 1995；Gentner, 1983；鈴木，1996）。「制約」という言葉は，第6章でも取り上げました。問題解決において満たさなくてはならない条件のことを制約とよぶのでしたね。類推においても「制約」は同じ意味で，類推の過程において満たさなくてはならない条件のことです。

類推においてとくに重要な制約としてあげられているのは「類似性」「構造」「目的」の3つです。

はじめの制約は「類似性」です。類推が行われるときには，まず，理解したいと考えているターゲットに対応するベースを見つけることが必要です。通常，よく知っていて，ターゲットに似ているものがベースとして選ばれます。よく知っているものを選ぶのは，そのほうが対応づけできる要素が多くなるので合理的です。私たちは自分の長期記憶の中を検索して，「似ている」と思うものをベースとして選び出します。たとえば，冒頭に示した「人間」と「車」の類推では，どちらも「動く」「エネルギーを摂取する」といった特徴を持っています。この「似ている」ことが第1の制約である「類似性の制約」となります。

ここで第2の制約「構造」が重要になります。類似性が重要であると述べましたが，「似ている」というのは上に述べたような直接的な類似だけではないのです。図7.2に示したお話を読んでください。ベースとして示されている「すっぱいブドウ」のお話はAとBのお話のどちらにより「似ている」と思いますか。

お話Aは，登場人物もシチュエーションも「すっぱいブドウ」によく似ています。このように，見た目の特徴が似ていることを「表面的な類似」といいます。一方，お話Bでは，登場人物もシチュエーションも「すっぱいブドウ」とはまったく違っています。つまり，表面的な類似という観点からは「似ていない」と判断できるでしょう。しかし，お話Bは「すっぱいブドウ」のお話に「似ている」と思いませんか。これは，「主人公が何かを望

む」「望んだものを手に入れようとする」,「望んだものが手に入らない」「望んだものをいらないと言う」といった物語の因果関係が共通しているためです。このように,要素間の関係が似ている場合のことを「構造的な類似」とよびます。お話 B は表面的にはベースとなるお話に似ていませんが,構造的な類似という観点からはむしろよく似ているのです。

　ゲントナーは構造を重視した類推の理論（構造写像理論）を提案しています（Gentner, 1983）。この理論では,色や形のような表面的な特徴は対応づけに用いず,より高次の構造を用いて対応づけを行うことで類推が成り立つとしています。車とガソリンの例でも,車の大きさやガソリンの匂いを人間と食べ物に対応づけようとはせず,車（人）がガソリン（食べ物）を「取り入れる」という構造を対応づけています。またこのときに,一貫性と一対一対応がなされることも必要です。ある対象が複数のものと対応づけられたり,場合によって違うものに対応づけられたりしては,類推が成り立たなくなってしまうのです。

　これらの制約に基づいて,類推のベースが選ばれます。表面的に類似している部分があるほうが連想で思い出しやすいので,表面的にまったく似ているところのないベースを選ぶのは難しいといえます（類似性の制約）。しかし,構造的に似ているベースのほうが,よりよい類推につながります（構造の制約）。

　最後に考えなくてはならないのが,「目的」の制約です。「車」を理解するときのことを再び考えてみましょう。たとえば,自転車は,人間よりも車と似ているところをたくさん持っています（表 7.1）。表 7.1 に示したように,たとえば,車輪やハンドルなどの部品から作られていること,移動手段であること,などがあげられるでしょう。車輪やハンドルなどの「見た目」は表面的類似性といってよさそうですが,「移動手段」は構造的な類似だといえるでしょう。また,成長や自発的移動の可否など,人間よりも自転車のほうが構造的に車と対応する部分があると考えられる部分も多くあります。したがって,自転車のほうが車を理解するのにはよいベースとなりそうです。

表7.1 車を理解するための2種類のベース

	ターゲット：車	ベース1：自転車	ベース2：人間
移動，運搬	する	する	する
車輪	ある	ある	ない
自発的移動	できない	できない	できる
エネルギー源	必要	不要	必要
成長	しない	しない	する
排出	する	しない	する

　しかし，類推の「よさ」を決めるのは，似ている特徴の数を単純に合計した結果ではありません。その状況において理解したいのは何か，ということが重要な役割を果たします。冒頭の例では「車にとってのガソリン」が問題になっています。このような場合には，車に関する全体的な理解が目的となっていると考えるより，「車にとってのガソリン」を理解することを目的とみなすほうがよさそうです。「車にとってのガソリン」に関わる特徴としては，「エネルギー源」「成長」「排出」などのポイントがありますが，これらについて自転車と人間を比べたときには人間に軍配が上がりそうです。

　一方，「車で移動すること」が問題になっているときには，自転車をベースとするほうが適切でしょう。運転者の責任や車間距離の必要性など，人間をベースにすると分かりにくいところが出てきてしまいます。このように，何についての理解を目的とするかによって，適切なベースは異なってきます。「車」の場合も，人間や自転車など複数のベースを用いた類推が可能ですが，目的に応じて適切なベースが選ばれるのです。

　これら3つの制約は，それぞれが思考を方向づける「圧力」のように働きます。それぞれが同じ方向に思考を進めるよう働くこともあれば，逆の方向に働きかけることも考えられます（Holyoak & Thagard, 1995）。それぞれの方向性がどこかで妥協点を見出した結果が，私たちの類推的思考として現れる，というわけです。

このように考えると，人間の類推はその時々で異なる制約に合わせて，かなり柔軟に行われていることが分かります。この柔軟さについて，鈴木（2016）は「抽象的で断片化された知識」がターゲットの構造に合わせて組織化される，という説明をしています。私たちは，経験を通して得た知識を抽象的な断片として頭の中に保存しており，それが，ターゲットとなる問題を前にしたときに集まってある形を作る，ということです。つまり，類推のプロセスは「たくさんある具体的な知識の中から1つをベースとして選び出す」という，いってみれば，「棚に並んだ商品の中から1つを取り出す」というようなスムーズで直線的な活動ではないと考えられるのです。むしろ，「問題を前にしたときに頭の中にある断片的知識をもとにベースを『作り出す』」，すなわち，「散らばっている材料を使って状況にもっとも合った道具をさっと作る」という，より複雑でダイナミックな活動だといえそうです。

7.3 類推による問題解決

ここまでは，類推によって未知の概念を理解する状況について述べてきましたが，類推は，理解だけでなく問題解決においても重要な働きをしています。第6章の最後に取り上げた「転移」を思い出してください。「転移」は，過去の経験を問題解決に適用することでした。類推はベースとターゲットの類似性に基づいて転移を促します。

問題解決と類推を考えるために，まず図7.3に示した「腫瘍問題」（Duncker, 1945）を読んで解決方法を考えてみてください。なかなか難しい問題ですね。この先を読む前に，まずは真剣に考えてみてください。

さて，どんな解決方法を考えましたか？　この問題に対するもっとも適切な解決方法は，「いろいろなところから低い強度の放射線を患部に向けて照射する」というものです。こうすれば，途中の健康な組織を傷つけずにすみますし，患部には複数の放射線が集中しますから，そこでの放射線の強度は強くなるというわけです。ドゥンカー（Duncker, 1945）の実験では，この

7.3 類推による問題解決

> あなたはお医者さんです。患者さんの胃に悪性の腫瘍があることが分かりました。手術することができないのですが、腫瘍を破壊しないと患者さんは死んでしまいます。強い放射線を当てればその腫瘍を破壊することができますが、強い放射線は健康な組織も破壊してしまいます。健康な組織を傷つけないように弱い放射線を使うと、腫瘍を破壊することができません。どうすれば健康な組織を傷つけずに腫瘍だけを破壊することができるでしょうか。

図 7.3　**腫瘍問題**（Duncker, 1945 をもとに筆者が翻訳）

解決方法を導くことのできた実験参加者は5％だけでした。参加者が考えた他の解決方法には「食道などを通り抜けて他の部位に当てずに胃に放射線を当てる」（29％）あるいは、「手術して患部を露出させてから放射線を当てる」（40％）というアイデアがありました。しかしこれらの方法は適切な解決方法とはいえません。他の組織に当てずに患部にまっすぐ届くようなルートはありませんし、手術はできないという制限があるからです。

　ジックとホリオーク（Gick & Holyoak, 1980）は、いくつかの実験を行って、類推によってこの腫瘍問題が解決できるようになるかを試しています。彼らの実験では、実験参加者にヒントとなるようなお話（図 7.4）を読んだ後で腫瘍問題を解かせてみました。ここまで、類推について学んできた皆さんには、なぜこのお話が「ヒント」になるのかお分かりになると思います。「腫瘍問題」と「将軍の話」は表面的にはまったく似ていませんね。しかし、1つのルートに集中させることができない力を分散させて最終的なターゲッ

> 将軍はある要塞を軍隊で制圧しようとしていた。その要塞は、国の真ん中に位置していて、要塞を中心として道が放射状に伸びていた。要塞を攻撃するためには全軍で攻撃する必要があったが、大群が一気に通ると、道に埋められた地雷が爆発して軍隊や近隣の村に大きな被害が出てしまう。小規模な攻撃では要塞を攻め落とすことができない。そこで将軍は軍隊をいくつかのグループに分けた。それぞれのグループが違う道を進み、同時に要塞に攻撃を仕かけた。そうすることで地雷を爆発させずに要塞を攻め落とすことができた。

図 7.4　**将軍の話**（Gick & Holyoak, 1980 をもとに筆者が翻訳）

トで集中させる，という「分散―集中」の構造は2つのお話の間で大変よく似ています。

　腫瘍問題を解く前に，「さっき読んだお話（将軍の話）がヒントになっています」と伝えたところ，「将軍の話」を読んだ実験参加者の76％が，腫瘍問題に対して適切な解決方法を提案することができました。このとき，「将軍の話」を読まなかった参加者のうち，同じように適切な解決方法を提案できた人は8％しかいませんでしたから，「将軍の話」をベースとした類推によって腫瘍問題（ターゲット）に解法を転移させることができたのだと考えられます。類推がいかに問題解決を促進するか，が見事に示されたといえるでしょう。

　しかし，このような類推がうまく働かない場合もあります。ジックとホリオークの実験では，将軍が王様を満足させるためにパレードを行う，という違うお話を読んだ場合についても検討されています。将軍が要塞を攻撃するお話（「将軍の話」）と同じように，パレードのお話でも「軍隊を小規模なグループに分けて中央で集結させる」という方法をとります。ですから，「分散―集中」の構造はここでも共有されています。しかし，パレードのお話を読んだ実験参加者のうち，腫瘍問題で適切な解決方法を考えられたのは49％でした。この結果からは，解決策の構造が似ているだけでは類推による問題解決が適切に行われることは難しく，「攻撃」のような全体としての目標と解決策の構造が一致していることが重要だということがいえそうです。

　さらに，ジックとホリオークの実験で興味深いのは，「このお話がヒントになりますよ」と教えなかった場合についても検討しているところです。実験では，参加者は，今度は「お話を覚える課題と，問題を解く課題の2つに取り組んでください」と指示されました。そして，まったく関係ないお話2つと「将軍の話」の3つを読んだ後，腫瘍問題を解くよういわれます。このとき，「ヒントあり」グループの実験参加者には，上で紹介した実験と同じように「さっき読んだお話の1つがヒントになりますよ」と教えます。一方「ヒントなし」グループの実験参加者は，将軍の話との関連性については何

も教えられず，ただ腫瘍問題を解くように指示されました。すると，ヒントありグループの実験参加者の92％が「分散―集中」の適切な解決策を提示したのに対して，ヒントなしグループの実験参加者の解決率は20％にとどまりました。

　この2つのグループで異なっていたのは「さっきのお話がヒントになりますよ」と言われたかどうか，という点だけです。したがって，同じお話を読んでいても「ヒントになる」と言われなければその知識を用いた類推は起こりにくかったということになります。つまり，知っているからといって自分から進んでその知識を使った解決策を考えるとは限らない，むしろ，そうした自発的な類推は起こりにくい，ということが示されたのです。

　ジックとホリオークの一連の実験からは，類推がうまく働けば問題解決が躍進する場合があること，ただしそのためには構造だけでなく目標が対応していることや，「自分の知識が類推に使えるものだ」という知識が必要だということが示されました。類推が私たちが考える上で役に立つことは確かですが，それを適切な場面でうまく使うというのは簡単ではないということがいえそうですね。

7.4　まとめ

　私たちが新しい概念について理解したり，未知の問題を解決したりするときには「類推」を頻繁に用います。類推は，すでに知っているものごとと「似ている」ところを見つけることで，理解や解決を行う方法です。問題解決の観点から考えると，類推は一種の「ヒューリスティック」であるといえます。類推が常にうまく理解や解決を導くわけではありませんが，効率的な理解・解決に結びつくことも多いのです。

　類推の際のポイントは，適切なベースの想起と対応づけにあります。適切なベースとターゲットが常に表面的な特徴が似ているとは限りません。むしろまったく似ていないベースがターゲットと構造的によく似ているというこ

とがあります．本章で取り上げたベース（すっぱいブドウ，将軍の話）とターゲット（ジャックとエレン，腫瘍問題）についても，表面的には似ていませんが，因果や集中─分散といった構造がよく似ていました．

　また，そのときの目標によってより適切なベースは異なってきます．つまり，どのくらい「似ている」といえるかが固定されているわけではないのです．たとえば，車を理解するためのベースとして常に人間が優れているわけではありませんでした．こうした例から，類推は，2つのもののリストの中から決まったペアを見つけるような活動ではなく，そのときの状況に合わせて「似ているところ」のリストを作り出していくような，ダイナミックな認知的活動だといえるでしょう．

7.1

「眠らない街」「手足となる」といった比喩表現も一種の類推としてみることができます (Lakoff & Johnson, 1980)。このような比喩表現をあげて，どのような類推か説明してみましょう。

memo

図 7.5 をみてください。豆電球と乾電池をつないだ電気回路が3種類示されています。AとBでは電池の数が違っていますね。BとCでは電池の数は同じですが，つなぎ方が異なります。では，このときに豆電球の明るさはA，B，Cでどのように違っていますか（あるいは同じですか）。なぜそのような違いが生じるのか，類推を用いて説明してください。

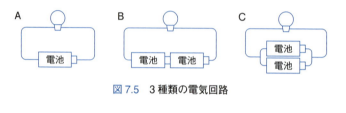

図 7.5　3種類の電気回路

memo

7.3

冒頭の例のように，子どもはさまざまな類推を用いて世界を理解しようとしているようです。子どもが使う類推にはどのような特徴があるか考えてみましょう。

memo

レイコフとジョンソン（Lakoff & Johnson, 1980）は，人間の理解の根底のシステムとして「比喩（メタファー）」があると考えました。彼らのいう「比喩」は，単なる「言い換え」ではなく，2つの事物の間の対応づけになっています。比喩は単なる表現技法ではなく，類推という人間の思考のありようが現れたものだといえるでしょう。

比喩となった類推は私たちの身の回りにたくさんみることができます。「○○のようだ」といった直喩だけでなく，隠喩や慣用句など，私たちはそれとは意識せずに類推に根ざした言葉を用い，コミュニケーションをしているといえそうです。

問題にあげた「眠らない街」や「手足となる」は，人間をベースとした類推として位置づけられるでしょう。他にも「会社の右腕」「組織のガン」などが人間をベースにした類推を用いた比喩としてよく用いられます。逆に，人間の様子をモノやコトをベースとした類推で表現することもあります。「気分が晴れる」「頭が固い」あるいは「バラのような頬」といった表現もこうした表現の例といえるでしょう。さらに歴史をベースにしたり（「新たな冷戦」「1930年代のような」），物理的動きをベースにした表現（「景気は底を打った」「関係にひびが入る」）など，多数の類推による比喩表現を思い浮かべることができます。このように，比喩表現を用いることで，コミュニケーションの核となっている事象をターゲットとして，その他の私たちがよく知っているモノやコト，あるいは共通に持っていそうな知識をベースとして用いた類推がなされています。これは，事象をお互いによりよく理解し合おうとしていることの現れだといえるかもしれません。

また，ベースとなっている知識がより一般的でない場合には，その比喩が理解できるもの同士にしか分からない示唆を共有することができるでしょう。たとえば「あの人はリア王だ」という表現はシェークスピアの作品

を読んだことのない人には理解できないでしょうし、「あの会社はニューヨークヤンキースみたいだね」と言われてもメジャーリーグについて知らない人にはピンとこないでしょう。比喩の形になった類推は、このように共通のベースを持つ人間同士が、事象に対する理解や認識、評価を共有するツールとしても用いられているのです。

A7.2

「直列つなぎ（B）だと豆電球は明るくなるが、並列つなぎ（C）だと明るさは電池が1つの場合（A）と同じ」ということは小学校の理科で勉強するので、覚えている人も多かったのではないでしょうか。問題は、なぜそのような違いが生じるか、それをどのように理解・説明するか、という点です。

電気のように目に見えないものを理解したり説明したりするときには、類推がよく用いられます。電気の他にも、原子や熱なども類推を利用した理解がされることが多いようです。このような類推のベースは「モデル」とよばれることもあります。教科書も電気について説明する際には「水流モデル」を採用していることが多いので、皆さんもこの問題に答えるときは「水流」をベースとした類推による説明をしたのではないでしょうか。

水流モデルは19世紀の科学者オームが用いたモデルです。皆さんも、「オームの法則」という言葉は覚えているのではないでしょうか。オームの法則は電圧と電流の量的関係が「$V=IR$（電圧＝電流×抵抗）」という式で表すことができるというものです。これを水流モデルで表すと、図7.6のようになります。この類推における対応づけをまとめると表7.2のようになります。

水流モデルをベースとした類推から、Bの場合は「1つ目のポンプで高くくみ上げられた水が、2つ目のポンプでさらに高くくみ上げられる」のに対して、Cの場合は「2つのポンプが並んでいるためくみ上げられる高

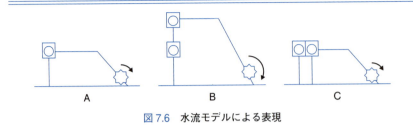

図7.6 水流モデルによる表現

表7.2 電気と水流の対応づけ

電気（ターゲット）	水流（ベース）
電池	ポンプ
電圧	水圧，水位差
電流	水の流れ
抵抗（豆電球）	水車

さはポンプ1つの場合と同じ」であることが理解できます。豆電球の明るさは水車が回る勢いとして対応づけられますから，より高いところから水が流れてくるBの場合により勢いよく水車が回ることが推論できるでしょう。AとCはくみ上げられた高さが同じだと考えられますから，水車の勢いは同じということになります。

　筆者が図7.5を大学生に見せてみたところ，水流モデルを想起したものの，「蛇口が2つになったら出てくる水の量がその分増えるのと同じこと」という誤った説明をする学生もいました。この説明では「電池」と「蛇口」が対応づけられているわけですが，これでは並列のときに豆電球の明るさが変わらないことは説明できません。この学生は電気回路のベースとして水流を想起したものの，対応づけに失敗しており，その失敗を正しく認識できなかった，つまり評価に失敗したのだと考えられます。水流をベースとした電気回路の理解は類推として大変有効ですが，個々の要素が正

解説

しく対応づけられていない場合にはうまく機能することができないということです。

また、この水流モデル自体に限界があることもよく知られています。たとえば、電気回路の場合はスイッチを入れればすぐに豆電球が光ります。水流の場合、水の流れが水車にたどり着くのに時間が必要ですから、そこから類推すると、電気回路の中を電気がすごいスピードで電気が流れることを想像します。しかし実際には電気の流れる速さ（電子が移動するスピード）は毎秒 0.1 mm と大変ゆっくりです。これは電子の特性が水の粒子とは異なる性質を持っているために生まれる類推の限界だといえます。つまり、より本質的な理解のためには、今度は水流モデルを捨てて理解し直さなくてはならないということになります。

電気回路と水流の例から分かるように、類推のターゲットとベースはあくまで違うものなので、すべてが対応づけ可能なわけではありません。類推をより適切に活用するためには、「どこが同じか」を把握すると同時に「どこが異なるか」を把握することにも重要な意味があるといえます。

A7.3

子どもの類推の一つの特徴は、「人間」をベースにしたものが多いという点です。発達心理学者のピアジェは、幼児がさまざまな対象を擬人化して理解していることを示しています。たとえば、「太陽は『人を暖めたいと思っている』から熱い」と説明したりする例をあげることができます。これは、子どもが自分自身については他のものよりよく知っているため、ベースとして使いやすく、その類推の「よさ」も的確に判断できるためだと考えられます。

その他の子どもの類推の特徴としては、表面的な類似性に強く影響されることがあげられます。8歳児を対象としたチェンたちの研究（Chen et al., 1995）では、問題解決を類推によって促進しようとするときに、ベー

スの具体的類似性によって効果が異なることが分かりました。表7.3の「具体的類似」のお話をベースとしての類推はできるものの，「具体的非類似」のお話をベースとした類推はできなかったのです。つまり，表面的な特徴が似ている場合にはうまく対応づけができるのに対して，表面的な特徴が似ていないとうまくいかないのです。しかし，状況の構造を抽象的に示す文（表7.3「抽象的構造」）を提示した上で，「具体的非類似」のお話をみせたところ，類推による問題解決が促進されました。これは，抽象的構造と具体的状況がセットで提示されることで，その状況をベースとした類推が可能になるためだと考えられます。そしてその効果は具体的状況がターゲットの状況と表面的に類似していなくても発揮されます。子どもがうまく類推するためには，ベースとターゲットがどのような構造を共有しているのか，ということが分かりやすく示される必要があるのですね。

表7.3 チェンたちの研究で使われた問題とベースとなるお話

問　　題	女の子が座ったら洋服が汚くなりました。看板が風で飛んでいってしまったせいです。なぜ女の子の洋服は汚くなったのですか？
具体的類似	塗り替えられた塀によりかかったせいで，男の子のシャツは汚れてしまいました。
具体的非類似	濡れたテーブルに置いたせいで，手紙が汚くなってしまいました。
抽象的構造	ある種のものは濡れるとだめになってしまいます。

第8章 みんなでやれば うまくいく？
——協同の効果

　会社，学校，ボランティア，PTA活動。さまざまな日常的課題を，私たちは「誰かと一緒に」取り組むことで成し遂げています。このように複数の人が協力して課題に取り組むことを「協同」とよびます。日常的に協同を行っている私たちの素朴な経験からは，「1人でやるよりみんなでやるほうがいい」というのが当然のように思われます。もちろん，多くの場合，1人で成し遂げる量より2人で成し遂げる量のほうが多くなります。しかし，ここで重要なのは「単なる成果の足し合わせ」と「協同の成果」の区別です。たとえば，2人がバラバラに取り組んだらそれぞれが100ずつ解決できる場合，協同せずに「成果の足し合わせ」によって得られる成果は100＋100で200になります。このとき，2人が協力し合ったことで200を上回る成果が得られれば，「協同の効果がある」といえますが，同程度あるいは200を下回る場合には「協同の効果はない」といえるでしょう。果たして，「協力し合うこと」「相互作用すること」は，別々に取り組んだ成果の足し合わせ以上の成果を上げることにつながるのでしょうか。

　本章では，「みんなでやるほうがうまくいく」といえるか，そしてそれはどうしてか，考えてみましょう。

8.1　みんなでやるとうまくいかない——社会心理学の知見

　実は，社会心理学の古典的な研究からは，他の人と一緒に取り組むことで「かえってうまくいかなくなる」ということが意外と多いことが示されてきました。どんなふうにうまくいかなくなるのでしょう。また，それはなぜなのでしょうか。

8.1.1　一生懸命やらなくなる

　「合同で協力し合って作業する」という状況での協同の成果についての実験として有名なものに，リンゲルマン（Ringelmann, M.）の綱引きの実験が

あります。これは、1人で綱を引く場合と2人、3人と人を増やしていった場合を比べて、それぞれの人がどのくらいの力を出すかを調べた実験です。人が増えることで一人ひとりの出す力はどんなふうに変化するでしょうか。1人のときの力を「100」とすると、人数が変わっても個々の力が変わらないなら、2人だったら「200」、3人だったら「300」の力が「単純な成果の足し合わせ」として得られるはずです。一方、他のメンバーと協力し合うことで"力がわいてくる"、つまり協同に「単純な成果の足し合わせ」以上の効果があるなら、2人のときに200以上の力が得られると期待できます。しかし、実際の実験の結果は、こうした期待を裏切るものでした。2人になると1人の出す力は80程度に減り（つまり2人合わせても「160」くらいにしかならない）、人数が増えるにつれて1人の出す力がどんどん減っていってしまったのです。8人になると1人の出す力は約半分にまで減りました。1人のときの力を100とすると、8人なら800の力になることを期待したくなりますが、実際には400くらいしか得られないということになるのです。実にがっかりする結果です。このようにみんなでやることで一人ひとりの働きが減ってしまうことを「社会的手抜き」とよんでいます。

　みんなで課題に取り組むというときに思ったよりはかどらないという事態の背後には、この「社会的手抜き」が関わっていそうです。誰か特定の「ずるい人」が「手抜きしてやろう」と思っているわけではなく、実験参加者はみな1人の場合も大勢の場合も同じように真剣に一生懸命やっている「つもり」であっても、結果をみると、なんだか手抜きが生じている、ということなのです。

　このような「意図しない手抜き」が生じてしまうことの背景には、その課題や活動の特徴が関わっています。たとえば、自分がどのくらい貢献しているかが不明確だと「社会的手抜き」が発生しやすくなります。一方、みんなでやる場合でも、それぞれがどの程度貢献したかが分かりやすい課題や状況であれば、こうした手抜きが発生しにくいことがわかっています。また、課題達成のための責任感が大勢に分散してしまうことも関連しているようです。

綱引きのようにみんなが同じ作業をする場合には，責任もみんなに分散します。そのため「自分がやらなければ」という気持ちが薄れてしまうようです。

8.1.2 他の人の意見に影響される

次に，「話し合いによって解決案を決定する」という状況を考えてみましょう。大学生に授業などで議論をさせてみますと，授業の後に「先生，授業のときはみんなが賛成だって言うから何も言わなかったんだけど，本当は私は反対したかったんです」と言う学生がいます。学生の議論だけではありません。仕事の方針を決める場面やレストランでの注文など，彼女のように「みんなが○○って言うから自分の意見を言えなかった」という経験は皆さんにもあるのではないでしょうか。そして，そのように言うのは大人しい性格の人に限りません。積極的で活発に意見を言うタイプの人であっても，このように「みんなの意見と違うことは言いにくい」ということがあるようです。

これも，「みんなでやるとうまくいく」という私たちの直感に反する事態を生みます。いわば「空気を読む」ことがその場の雰囲気の維持に役立つこともありますが，みんなで問題解決をしようというときには，解決策の提案がしにくくなったり，間違った方針を指摘できなかったりすることにもつながるからです。このように，他の人の意見に引きずられて自分の判断ができなくなってしまうことを「同調」とよんでいます。

同調について，もっとも有名なのはアッシュの行った実験（Asch, 1951）です。実験では，参加者に図 8.1 に示すような図を見せて，同じ長さの線を選んでもらいました。図 8.1 の場合，同じ長さなのは明らかに B です。1 人ずつに質問すればほとんどの人が間違えずに B を選択することができます。ところが，参加者とサクラに同じ質問をして，サクラがそろってわざと間違った選択肢を選ぶと，実際の参加者の正答率も低下してしまいます。この効果は人数が増えるとより強まることも知られています。このような同調が起こると，メンバーのうち 1 人だけが持っている優れたアイデアが埋もれてし

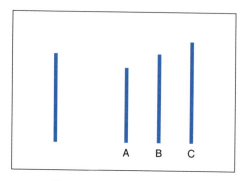

図 8.1　同じ長さの棒はどれか

まいますから「別々に考えたほうがよい」ということになりそうです。

　話し合いの場面では，「**集団思考**」という問題が起こりやすいことも知られています。みんなで話していると，目的が「もっともよい解決策を見出すこと」から「みんなで意見を一致させること」にずれていってしまうのです。学生同士の話し合いでも，少し説得力のある意見が出ると「じゃあこのグループの意見としては○○ということでいいかな」と合意形成を急いでしまうことがあります。そのため，同じ問題について 1 人で考えたときと比べて，少ない可能性しか検討しなくなってしまいます。こうした傾向からは，みんなで考えるとより良い解決案にはたどり着きにくくなる，ということになります。

8.1.3　協同の負の効果を防ぐ

　上にあげたような社会心理学の研究知見からは，「みんなでやるとかえってよくない」という協同の負の効果の存在が明らかにされたといえます。同時に，こうした負の効果は，どのような状況でより生じやすいかも分かってきました。ですから，負の効果を生じさせる環境を変えることで，より効果的に協同できそうです。

　たとえば，社会的手抜きが生じやすいのは，一人ひとりの貢献が不明確な

ときだといわれています。確かに，綱引きでは誰がどのくらいの力で引っ張っているのか目で見ることはできませんね。この他に社会的手抜きで知られている実験では，拍手の音の大きさなどがありますが，これもメンバーの個々の働きが分かりにくい活動の例です。つまり，みんなで活動するときに，参加メンバー一人ひとりがどのくらい貢献したかがみえやすくなるような状況を作れば，社会的手抜きが生じにくくなるということです。

また，手抜きが生じないような練習を行うこともできそうです。綱引きのような例の場合，個別の成果から協同時の成果を予測することができます。たとえば，1人が100 kgの重りを引くことができるなら，4人で400 kgが引ける，というように負の効果が生じない場合の成果を予測できますね。この予測を維持する，あるいは上回るような成果を出せるよう練習するのも，協同の負の効果を防ぐのに有効でしょう。スポーツなどで優れたチームワークを発揮できるのは，こうした練習の賜物といえるかもしれません。

同調に関しては，異なる意見を言う人が1人でもいると，多数の意見にも引きずられにくくなります。話し合いをするときに自由な意見が言えるような雰囲気を維持する，異なる知識や考え方の持ち主を入れて話し合う，必ず反対意見を言う係を作る，といった工夫をすることで，同調が起こりにくくなるはずです。メンバーの多様性を保つことが，集団思考を防ぐうえでも重要なのです。

8.2　誰かとやるとうまくいく

協同に否定的な知見に反して，「でも私は友達と一緒に勉強するほうがはかどるんだけどな」と思った方もいるでしょう。それに，たとえば，偉大な科学的発見の多くは科学者の協同の成果ですから，協同に負の効果ばかりがあるとは思えませんね。友達と一緒に勉強することの良さは「好きな友達といると楽しい」という感情的な要素が大きいかもしれません。しかし，それだけではなく，他者と協同することで新しい知識の理解や問題解決に良い影

響もあるようです。ここでは，どのような場面で他者との協同に効果がみられるか，それはなぜか考えてみましょう。

8.2.1　協同における「説明」の構築

　協同によって理解や問題解決が促進されるメカニズムの一つが「説明」にあります。協同でなくても，分かったことや概念について説明することによって理解が深まることが知られています（Chi et al., 1994）が，協同の場合はそのような「説明」がより効果的かつ自然に生じるのだと考えられます。

　チャン（Chan, 1996）は，協同によって理解が促進されるためには，協同でどのような説明がなされるかが重要だと考えました。確かに，1人のときと協同で取り組んでいるときの違いとして，会話ややりとりの存在があげられます。一緒に取り組むときには内容についてのさまざまな会話が行われますから，これが理解を促進するのだろうと考えられます。では，このときどのような「説明」がなされれば理解が促進されるのでしょうか。自分が考えていることの説明であればどんな内容でもよいのでしょうか。

　チャンはこの問いに答えるために，高校生を対象とした実験を行いました。高校生たちは仲間と「進化」について話し合い，その後進化に関する問題に解答しました。このとき，高校生たちは話し合いのやり方によって3つのグループに分けられました。第1のグループは，進化についてのわからないことや疑問を話し合いました。第2のグループは，進化についての自分の意見とその根拠を説明しました。第3のグループは，進化について知っていることを話し合いました。

　話し合いの後のテストの結果，疑問点について話し合った第1のグループがその他のグループより成績が良いことが示されました。なぜ第1のグループの成績が向上したのでしょうか。それには，各グループの議論の特徴が関わっていると考えられました（図 8.2）。

　まず，疑問点について話し合った第1のグループでは，1人の発話を別の人が言い換えたり，仮説を提案したりして，1つのトピックについて一緒に

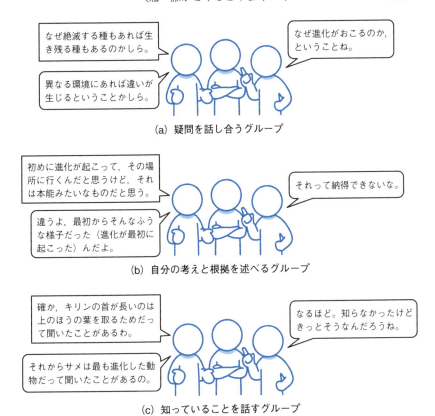

図 8.2　グループでの話し合いの様子（Chan, 1996 をもとに筆者が作成）

説明を作り上げようとしていました。一方，自分の考えと根拠を説明する第2のグループの会話では，自分と他のメンバーの意見の相違に目を向けがちでした。その結果，相手を論破することや自分の立場の表明に焦点化してしまい，「互いの理解を深める」という共通目的から外れてしまいました。また，知っていることを話し合った第3のグループは，お互いに自分が知っていることを紹介するだけで，内容について十分に検討するやりとりにはなりにくいことが分かりました。相手に表面的に同意してしまい，その内容を深めていこうとはしなかったのです。つまり，第2，第3のグループでは，自

分の知っていることや考えを正当化するための説明はされますが，矛盾点を解消するような一貫性のある説明をしようとはしていなかったといえます。

この結果からまず分かるのは，グループで話し合いさえすれば理解が深められるというわけではないということです。協同によって理解が深まるためには，メンバーが一緒に理解するための説明を作り上げていくことが重要でした。自分自身の知識の不足や矛盾を明確化することは，そのような一貫した説明の構築につながり，メンバーの理解を促進すると考えられます。

このような説明の構築は，同じくらいの知識や能力の仲間との議論において生じやすいと考えられます。仲間は，先生とは違って，知識不足や誤った知識を持っている可能性が高まります。そのため，メンバーの1人が間違いや知識不足があることを明示すると，全体として「安易に納得しないでもう少し考えよう」という姿勢が作られやすくなるのです。したがって，仲間と話し合えばなんでもよいというわけではなく，自分たちの知識不足や間違いを一緒に考えていこう，一緒に納得できる説明を考えようという姿勢が重要であるといえます。私たちは恥ずかしさなどの理由から，自分が分かっていないことや不確かなことを知られないようにしたいと考えてしまいがちですが，協同の効果を発揮するためには，「わからないことについての説明を一緒にしようとすること」がお互いの理解を深めるために不可欠だといえるでしょう。

8.2.2 異なる知識の組合せ

前項で述べたような「わからないことについての説明」は科学者たちの協同での推論にも関わっています。ダンバー（Dunbar, 1995）によると，科学者たちは研究活動の中で思いがけない結果が得られたときに，協同でその因果を説明しようとします。このとき構築される説明は，1人の意見から作られるものばかりではなく，しばしば2人以上のメンバーの意見を組み合わせたものになっていました。

興味深いのは，科学者たちが同じ実験結果からたくさんの異なる解釈を導

き出したり，同じ前提から異なる結論を導き出したりしたという点です。このように解釈が多様になるのは，協同しているメンバーの持っている知識が異なるためだと考えられます。多くの場合，研究グループのメンバーは共通した目的のもとで少しずつ異なる専門領域を持っています。そのため，同じ情報を目にしたときでも，注目する点や関連づける情報が少しずつ異なっているというわけです。したがって，研究室のメンバーがまったく同じ知識を持っている場合には，導かれる解釈の多様性は1人の場合と差がなくなるだろうと考えられます。

科学的研究は創造的問題解決といえますが，そこでは私たちの持っている知識がいわば"勝手な制約"となって解決を妨げることがあります（第6章参照）。異なる知識を持つメンバーが協同で説明を構築しようとするときに多様な可能性が考えられることによって，1人の場合に陥りやすい袋小路からの脱出がしやすくなると考えられます。つまり，少しずつ異なる知識を持つメンバーが協同することで，1人の場合に生まれてしまう制約を越えることができるのです。

8.2.3 異なる視点を提示する

ここまで紹介してきた研究からは，対等の立場から一緒に説明を考えている様子を思い浮かべられるかもしれません。しかし，メンバーが異なる立場から問題に関わることも効果的な協同につながります。

三宅の研究（Miyake, 1986）では，「ミシンの仕組みを理解する」という課題を用いて協同の理解促進効果を検討しました。実験参加者はペアで実際のミシンを一緒に見たり操作したりしながら一緒に答えを探していきます。実は，この実験では協同による効果はあまりみられませんでした。一緒に理解を深めていくようなことが必ず起こるとはいえず，2人の理解がバラバラということがほとんどでした。

しかし，この実験を通して，参加者が自然と役割分担をすることで理解を進めるという協同のプロセスが見出されました。とくに重要だと考えられた

のが，答えにたどり着いた後で，その答えが妥当かどうかをチェックするプロセスです。1人が仮説を述べるのに対し，もう1人がそれを確認したり，問題点を指摘したりする役割を自然と担うようになったのです。興味深いのは，このようなチェック役をするのが，多くの場合「より理解が浅いほう」であることです。1人で考えて自分なりの答えにたどり着いた後，その答えが正しいかどうかを検討し直すというのは難しいことです。そのときに，いまひとつわかっていない人が「なんで？」「ここはどうなっているの？」と質問することで，1人のときには気づきにくい誤りに気づいたり，答えの修正をしたりすることにつながると考えられました。チャンが示した「説明」の効果が，このような協同の中で自然と生じる役割分担を通しても促進されるのだと考えることもできるでしょう。

清河たちの研究（Kiyokawa et al., 2003）では，こうした役割分担を実験的に操作して，協同の効果が発揮されるかどうかを検討しました。課題に取り組む際に，ペアに自由にやりとりさせるのではなく，「課題遂行役」と「相談役」に役割を分けたのです。課題遂行役が課題を解決するための具体的な活動をするのに対して，相談役は具体的な答えを提案することを禁じられます。相談役ができるのは，説明の要求（「どんな要素が関わっていると思いますか？」），確認の要求（「これですべての例がもれなく説明できますか？」），アドバイス（「これまで考えていない要素に注目してみては？」），課題の進め方の提案（「前の例を見てみてはどうでしょうか」）だけです。なんだか不自由ですが，上に述べたように，協同が効果を発揮するメカニズムが1人のときには気づきにくい誤りや方針修正にあるのだとすると，このような役割だけを果たす相談役がいるだけで協同の効果が発揮されるはずです。

清河たちが行った実験では，ルール発見課題（図8.3）とよばれる洞察問題が用いられました。実験では，図8.3のような2つの図版を実験参加者に提示し，「2つの図版のどちらが勝つかを推論し勝敗ルールを見つける」ことを指示します。参加者の多くは，初め数字の大小に注目し，「大きい数字のある図版の勝ち」と考えます。しかしそれを覆す事例が提示され，参加者

8.2 誰かとやるとうまくいく

は予想を立て直さなくてはならなくなります。多くの参加者はここで数字を囲む図形に注目し，「数が同じなら四角の勝ち」のような場合分けルールを考えます。さらにそれが事例で覆されると，「数字に図形の辺の数を足す」というような統合ルールを考えだします。しかしこのルールも後の事例で否定されます。さあ，皆さんには勝敗を決めるルールが分かりますか？

実験参加者の説明行動の変化の例	事　例
数のみで説明 「数が大きいほうが勝ち」	△7　△2 ●
数のみでは説明できない ⇒数と図形に着目した「場合分けルール」で説明 「数の大きさが同じなら四角の勝ち」	△1　□1 　　　●
場合分けでは説明できない ⇒数と図形を統合した「統合ルール」で説明 「△の中の数字にプラス 3，□の中の数字にプラス 4，合計した数の大きいほうが勝ち」	△3　□2 ●　　●
「数」と図形では説明できない…… ⇒？？？	□5　△6 　　　●

図 8.3　事例の勝敗を決めるルールは何？（Kiyokawa et al., 2003 をもとに筆者が作成）
事例では「勝ち」とされるほうに●がついている。両方についているのは「引き分け」。

　このときポイントになるのは，数字と図形に制約されている問題空間を広げることです。正解ルールは，「右側の数字に 1 を足して数字の大きいほうが勝ち」です。1 人でこの実験に参加した場合およそ 45% の参加者しか正解ルールにたどり着くことができませんでした。「位置」は注目しにくい要素なのだということが分かります。
　一方，課題遂行役と相談役のペアは 66% が正解することができました。ただし，自由にやりとりしたペアは 89% が正解にたどり着いたので，それに比べると低い成績です。このように効果が限定的だったのは，相談役が十

分うまく相談役の役割を果たせなかったためかもしれません。自由にやりとりするペアの場合は，相談役を上手にできる人が自然と相談役を担当したり，お互いに役割交代したりすることでよりうまく課題に取り組めると考えられたのです。そこで，次の実験では相談役を担う参加者にあらかじめどのような働きかけをするとよい相談役になれるか，簡単な指導をしたうえで，ペアで問題に取り組んでもらいました。その結果，課題遂行役と相談役のペアの正解率は自由にやりとりした場合と同程度の成績に向上したのです。

これらの実験からは，協同の効果が単に「同じことができる人が複数いる」ことによるものではないことが示唆されます。協同することで，1人では気づきにくい視点を別のメンバーが提示することが可能になり，それが問題解決を促進するのです。「岡目八目」という諺がありますが，実際の問題解決を少し離れた立ち位置から見る他者と一緒に取り組むことで，全体としての問題解決が促進されるのです。

8.3 協同の効果が出やすい課題

これまでみてきた研究から，協同の効果は私たちが素朴に考えるほど単純ではないことが分かります。協同がうまく働くのはどのような場合か，課題の特徴から考えてみましょう。

三宅（2000）は，第6章でも取り上げた「9点問題」を協同の効果が表れやすい問題の典型例としてあげて，協同の効果に関連する要因を2つ示しています。第1の要因は，問題解決のプロセスのみえやすさです。9点問題の場合，問題解決のためには「実際に線を引く」という行動が必要です。頭の中で考えていることはそのままでは相手にみえませんが，こうして行動で外に出す課題であれば，プロセスがみえやすくなります。そのため，お互いの考えを共有しながら協同で問題解決を進めることができるのです。

もう一つの要因は，一つひとつの解決ステップの正誤判断のしにくさです。「9点問題」の場合，1本線を引いてみただけでは，考えが正しいか間違って

いるかを即座に判断することは難しいといえます。皆さんも自分が9点問題を解いたときのことを思い出してみてください。何本か線を引いてみたときに初めて「このやり方ではうまくいかない」ということがやっと判断できたのではないでしょうか。したがって，9点問題は問題解決のプロセスがみえやすく，かつ，個々のステップの正誤判断がしにくい問題だといえます。問題に取り組む際には，しばしば些末な細部にとらわれることが解決を妨げます。個々のステップの正誤にとらわれずに全体を見ることが求められる課題において，協同の効果が発揮されやすいといえます。

これまでに説明したように，協同の効果は異なる視点からお互いの考える幅を広げたり方向性を検討し直したりするところにあります。ですから，考えていることが表に出にくい課題ではうまく協同することが困難ですし，少しやってみただけで考えの正誤がわかるような課題では協同の価値が十分発揮されないということになるのですね。

8.4 まとめ

「みんなでやるとうまくいく」と素朴に考えがちですが，協同の効果は課題や取り組み方によって異なっています。協同によって「単なる成果の足し合わせ」以上の効果を得られるかどうかは，次の3つのポイントによって違ってきます。

第1のポイントは，取り組んでいる課題の性質です。私たちが自分自身の「分かったつもり」や「手詰まり」から抜け出す必要があるときに協同の効果が発揮されます。

第2に，上に述べた効果を発揮するためには，メンバーが異なる視点から問題に取り組むことが重要です。たとえば，答えを説明する役割と疑問点を指摘する役割のような役割分担や，多様な背景知識を持つメンバーで取り組むことが，異なる視点からの取組みにつながります。

最後に，協同するメンバーが，目標とそこに向かっていく思考のプロセス

を共有することがポイントになります。進化について話し合いをした高校生の場合は「共通理解を作り上げる」という目標が明確なときに，理解の深化がみられました。科学者の協同でも，目標を共有した多様なメンバーだからこそ，理解を深めたり，問題に新たな解決策を見出すことができるのです。

8.1

> 協同で取り組んだために「かえってうまくいかなかった」という経験を思い出してみましょう。そして，なぜうまくいかなかったのか，その理由を考えてみましょう。

memo

8.2

> **8.1**であげたような協同の失敗を防ぐためにはどのような工夫ができるでしょうか。具体策をあげて，それについて説明してみましょう。

memo

8.3

「友達と一緒に勉強する」のが効果的に働くのはどのような場合でしょうか。重要だと考えられる条件を3つあげて，なぜそのような条件があると勉強が効果的になるのか考えてみましょう。

memo

#

　私も，誰かと一緒に課題に取り組んだ経験を思い出してみると，うまくいかなかったなぁという場面をいくつか思い出すことができます。たとえば，大学のレポート課題や職場の企画立案など，さまざまな場面で「〇〇のテーマ（案件）について意見（解決策，ビジネスの展開案）を提示する」という課題が課されることがありますが，こうした課題にグループで取り組むとかえってうまくいかなくなるということがあります。

　これにはいくつかの原因を考えることができますね。まずそもそも「レポートをみんなで書く」「企画をみんなで考える」という目的が共有されていない場合があります。あなたはやる気満々なのに，他のメンバーは「集まっておしゃべりする」ことを期待しているかもしれません。

　また，全員で1つのレポートを書くというような課題の場合には，メンバーの1人だけが一生懸命取り組んでいて，他のメンバーは真剣に取り組まないというような事態もあり得ます。これは，本書で指摘したような「社会的手抜き」による場合が多いと考えられます。また，より意図的に「誰かにやらせて自分は遊んでいよう」という不届き者がいる可能性もあります。こうした不届き者の場合は「負担を誰かに押しつけよう」という意図があるわけですから，社会的手抜きというより「フリーライダー」とよぶほうが適切です。「**フリーライダー**」とは，コストを払わないで利益を得ようとする人を指す経済学の言葉です。本来は，コストを払わないでも利用できるサービス（公共財）に関する用語ですが，ここであげた例のように，仲間と一緒に課題に取り組むときに自分がどのように振る舞うか，というような人間の意思決定の場面にも関連しています。

　しかし，みんなで大きな目的を共有していても，うまくいかないことがあります。たとえば，「友達に自分が馬鹿だと思われたくない」と思っている場合は，「テーマについて一貫した説明を構築する」ためのやりとり

が生まれにくくなります。そのような場合には，テーマについて十分理解を深められずに終わってしまうことになるでしょう。

また，自分の意見を提示するレポート課題などの場合には，同調や集団思考が起こることでグループの全員がすぐに合意できるような表面的な意見しか出せないこともありえます。グループで討論してレポートを作成するという課題を出題する側の意図としては，「多様な視点から独自の意見を提案してほしい」という期待があると考えられますが，協同することでかえって表面的な意見に終わってしまうこともあるのです。

8.2

「社会的手抜き」や「フリーライダー」の出現を防ぐためには，各メンバーの貢献や責任を明確にすることが効果的です。また，同調や集団思考を防ぐためには，異論が出やすい状況を作り出すとよいでしょう。A8.1であげたような「レポートや企画案を書く」という課題であれば，たとえば，どのメンバーのアイデアなのか示すことで社会的手抜きが起こりにくくなると考えられます。

また，「**ブレーンストーミング**」の手法を用いることは，社会的手抜きを防ぐだけでなく，同調や集団思考が起こりにくくなる効果があると考えられます。ブレーンストーミングとは，とにかく判断せずにアイデアを出す，出されたアイデア同士を組み合わせてみる，という思考方法です。アイデアの質について一つひとつ検討せず，「質より量」という方針で考えていくというやり方です。たくさんのアイデアを出すためには，他の人と違うことを考えなくてはなりませんから，他の人に合わせようとする同調や合意を重視する集団思考が起こりにくくなります。

ただし，ブレーンストーミングのように「質より量」という方針の議論だけでは，理解を深める必要がある課題をうまく達成することはできません。出されたアイデアや意見について「どうして？」「分からない」とい

う疑問を投げかけることや，その疑問を共有して説明を構築しようとすることが必要です。このとき，メンバー間に「疑問を大切にする」という意識が共有されているかどうかが重要な問題となります。

このように，協同で取り組むことによってかえってうまくいかない，という事態を防ぐためには，参加メンバーの姿勢や取り組む際の方針をはじめに確認して，全員で共有することが重要だといえるでしょう。

A 8.3

友達と一緒に勉強する場合には，特定のトピックについて理解を深めることが目標になると考えられます。8.2.1 で取り上げたチャン（Chan, 1996）の研究例を参考に，うまく協同で勉強するための条件として，得意分野の異なる仲の良い友人と，目標を明確にして，説明構築に取り組む，という3点をあげたいと思います。

まず重要なのが，「2人でよい説明ができるようになること」を目標として共有することです。そしてその手段として，お互いにどこが分からないかを話し合う必要があるでしょう。分かっているところだけでなく，疑問があるところについて話し合うことで，一貫した理解になっていないところがはっきりします。このとき，お互いが「自分が言っていることが正しい」と相手を説得してしまったり，1人の話している内容について突っ込んで質問せずにあいまいなまま受け入れてしまったりすると，協同の理解深化効果は発揮されません。

このとき，より理解の浅い人からの質問や疑問が示されることが，より理解している人の「分かったつもり」の明確化や間違いの修正に役立ちます。得意分野が異なる友人と一緒に勉強することの利点は，お互いに「説明する役割」と「疑問点を指摘する役割」を交代しながら勉強できる点にあります。主観的には，自分の分かっていることを説明する役割を担っていると，自分が相手に教えてあげているという気持ちになりますが，相手

からの指摘を受けることが自分自身の理解にとってプラスになります。このような「教えることの利点」を理解し合って取り組むことで，お互いに得をした気持ちになれそうですね。

第9章 論理的に考えるとはどういうことか
——分析的推論と拡張的推論

　園芸を始めたばかりの頃，私はよく失敗しました。きちんと世話をしているつもりなのに，花が咲かなかったりダメになってしまったりしたのです。その頃，私は次のように考えていました。

A「水不足だと花は枯れてしまう。うちの花が枯れてしまったのは水不足だったからだろう」

　園芸を知っている人は，上のような考え方があまり正しくないことがすぐお分かりになるでしょう。また，園芸を知らなくても「この考え方はあまり『論理的』ではない」と気づくかもしれません。少し違うタイプの「論理的」ではない考え方として，次のような例もあげられます。

B「少し前に買ったばかりのパソコンが壊れた。前に買ったのもそうだし，小川さんちのパソコンもそうだったと言っていた。やはり外国製のパソコンはすぐに壊れるね」

　「ちょっと短絡的なんじゃないかな。もうちょっとよく考えなよ」「論理的じゃないなあ」と思われたのではないでしょうか。
　では，「論理的に考える」というのはどういうことなのでしょうか。どうすれば「論理的に考える」ことができるのでしょうか。
　「考える」という活動の中でも，上にあげた2つの例は「手持ちの情報・知識をもとに結論を導き出す」という活動です。これを心理学では「推論」とよんでいます。つまり，推論が適切であることが「論理的」で「よく考える」ことの一側面であるとひとまず仮定できそうです。そこで本章では，推論とはどのような活動で，私たちは実際どのように推論を行っているか，心理学の研究を見ていくことにします。

9.1 分析的推論

まず上にあげた A のタイプの推論から考えてみましょう。A の推論は**演繹的推論**（あるいは演繹）とよばれる推論の一つで，前提が正しければ結論が必然的に正しくなる，という特徴を持っています。前提となっている情報の分析から特定の場合や状況でどのようなことがいえるかを結論として導き出す，という性質から，演繹的推論を「**分析的推論**」とよぶこともできます（米盛，2007）。このような推論が適切にできることが（少なくとも部分的には）論理的に考えるということにつながります。では，適切な演繹的推論とはどのようなものでしょうか。

A の例では「水不足だと植物が枯れる」という前提があり，その中に条件（水不足）と結果（枯れる）が示されています。この前提が正しいとすると，特定の条件の下での結果や特定の結果が得られたときの条件をどのように導き出すことができるでしょうか（表 9.1）。

表 9.1 演繹的推論の形式と正しさ

推論	例 1			例 2		
前提	条件：水不足，結果：植物は枯れる			条件：居眠り運転，結果：事故		
P ならば Q 【正しい推論】	水が不足	ならば	花が枯れる	運転中に居眠り	ならば	事故を起こす
P でない ならば Q でない 【正しくない推論】	水不足でない	ならば	花が枯れない	運転中に居眠りしない	ならば	事故を起こさない
Q ならば P 【正しくない推論】	花が枯れる	ならば	水が不足	事故を起こす	ならば	運転中に居眠り
Q でない ならば P でない 【正しい推論】	花が枯れない	ならば	水不足でない	事故を起こさない	ならば	運転中に居眠りしていない

9.1 分析的推論

　まず，前提で示された条件が肯定される場合には，その後の状況も肯定される，というのは適切な推論です。特定の状況（「うちの花」）において条件が肯定される（「水不足」），ならば，結果も肯定される（「花が枯れる」）と結論づけるのは妥当だといえます。

　しかし，「水不足でない」と条件が否定される場合に，結論も否定される（枯れない），と考えるのは誤りです。前提では「水不足である」の場合だけを示しているので，「水不足でない」場合については何もいっていません。たとえば，水不足ではないが肥料が不足していたりや虫害がひどい場合については何もいっていないのです。こうした他の要因で結果が生じ得ることを考えれば，この推論が正しいとはいえず「論理的でない」ことが分かります。

　結果から条件を推論する場合はどうでしょう。結論が否定される場合には条件を否定するのは適切な推論です。つまり，「枯れていない（結論の否定）」ならば「水不足でない（条件の否定）」と考えられます。しかし，本章冒頭のAの例のように結論が肯定される場合に条件も肯定されると考えるのは誤りです。前提には「水不足」以外の条件について何も書かれていません。花が枯れる条件は水以外にもいろいろ考えることができます。「花が枯れたから水不足だったのだろう」と誤った推論をして，翌年たくさん水をあげても，また枯れてしまう可能性があります。

　ここまでの内容について，前提における条件を「P」，結果を「Q」として整理してみましょう。演繹的推論は，「PならばQ」という前提を受けて，特定の条件（P，Pでない）と結果（Q，Qでない）の組合せで4つの推論が考えられます（表9.1）。演繹的推論においては，PやQの具体的内容によらず，同じ形式でその推論の適切さを判断することができ，結果をもとにした推論では，「PでないならばQでない」場合のみ正しいことが分かります。

9.2 2つの拡張的推論

　演繹的推論は，分かっている法則に照らして何がいえるかを考えるやり方だといえます。したがって，すでに得られている前提から外の世界に飛び出すような推論は行われません。しかし私たちの思考では，持っている情報に含まれないことについての推論がたくさん行われています。持っている情報から飛び出して新しい情報を生み出すような推論を「**拡張的推論**」とよびます。

9.2.1 帰納的推論

　冒頭に示した例Bをみてみましょう。ここでは「壊れたパソコン」「以前購入したパソコン」と「小川さんちのパソコン」という3つの事例を取り上げて「外国製のパソコンはすぐに壊れる」と推論しています。このように，観察して得られた事例をもとに，類似した他のものについて推論し一般化することを**帰納的推論**といいます。

　冷静に考えると，そんな少数の例ですべてのパソコンについて論じることが果たして適切か疑問がわきます。少なくとも飛躍があるように思われます。しかしこのようなある種の飛躍があることが帰納的推論を含む拡張的推論の特徴でもあります。

　演繹的推論と異なる帰納的推論のもう一つの特徴は，いつまでも「絶対に正しい」と言い切ることができないという点にあります。冒頭にあげたパソコンの例で考えると，まず経験（観察）した数が問題になります。3台のパソコン購入の事例だけでは「外国製のパソコンは壊れやすい」と言い切るにはちょっと事例が少なすぎる気がします。一方，外国製のパソコンと国産のパソコン1万台の性能テストの結果であるとすれば，「外国製のパソコンは壊れやすい」という結論の「確からしさ」はかなり向上します。しかし，（可能性は低くなりますが）もしかすると他の1万台からはまったく違う結果が得られるかもしれませんから，「絶対に正しい」とはいえなさそうです。

9.2　2つの拡張的推論

　実際，そうやって帰納的推論の結果が覆されることもあります。例として，「ハクチョウはすべて白い」という17世紀までは正しいと考えられてきた帰納的推論をあげることができます。「あのハクチョウは白い」「このハクチョウも白い」という観察結果から「ハクチョウは（すべて）白い」と帰納的に推論し，多くの人がこの推論が正しいと考えていました。しかし，1697年にオーストラリアで黒いハクチョウが発見されたことで，「ハクチョウは白い」という帰納的推論が誤りであることが分かったのです。世界中の事例を余すことなく確認することは不可能ですから，どんなに多くの事例を観察しても帰納的推論を覆す例がある可能性を否定することはできません。したがって，観察の多さは帰納的推論の確からしさを向上させますが，それはその推論が「絶対に正しい」ことを保証してはくれないのです。

　帰納的推論の「正しさ」を考える際には，一般化する範囲の適切さも重要です。この例の場合，「外国製」という範囲が適切かどうかはあいまいです。アメリカ製なのか，中国製なのか，両方を含んでいるのか。もしかすると「アメリカ製のパソコンは」あるいは「××社のパソコンは」のように推論するほうがより適切かもしれません。

　このように，帰納的推論が「論理的」かどうかは，演繹的推論ほど明解には判断できません。該当する事例が十分に多いことや，一般化する範囲が適切であれば，論理的だといってよさそうですが，その適切さの基準は推論の内容や観察された事例の質によっても異なります。

　しかし，「論理的」であることが保証されないにも関わらず，少数の観察事例からも私たちは積極的に帰納的推論を行います。これは，個別の知識をバラバラに維持するより一般化された知識とするほうが，負担が小さく，素早い判断がしやすいため合理的だからでしょう。購入したパソコンについてすべての特徴を覚えておくことはできません。目につきやすい特徴をもとにカテゴリー化し，そのカテゴリー全体について「とりあえずいえそうなこと」を推論しておくことで，次にパソコンを買うときに，素早くより妥当な判断がしやすくなると考えられます。帰納的推論から得られる結論は，その

論理性があいまいではありますが，私たちのさまざまな活動を支える基盤となるような，「世界に関する知識」を支えているのです。

さらに，帰納的推論は未来を予測するという意味においても重要です。たとえば，「雨が降り続いたら川の水があふれた」という経験から，私たちは「雨が続けて降ると川が氾濫する」と推論します。厳密には，川の氾濫には雨が降った日数以外の要因も関わりますから，多少飛躍のある推論ですが，このような推論によって，「雨が何日も降ったら川が氾濫する」と未来を予測し，「雨が長いこと降ったから川に近づいてはいけない」というような危険回避が可能になるのです。

そして，このような「経験」や「事例」は個人に限定されるものではありません。調査結果や他の人の観察なども広く「経験」として受け入れられます。自分が直接経験していなくても，見聞きした情報を「経験（事例）」として，他のものや状況についての帰納的推論が実行されます。

9.2.2　仮説的推論

拡張的推論には，もう一つ性質の異なる推論があり，それを**仮説的推論（アブダクション）**とよんでいます。帰納的推論が，「観察データに基づいて一般化を行う推論」（米盛，2007）であるのに対して，仮説的推論は「観察データを説明するための仮説を生成する推論」（米盛，2007）です。たとえば，モノが落下するのを見て「下に支えのない物体は落下する」と考えるのは帰納的推論です。一方，モノが落下するのを見て「質量はお互いに引力を及ぼし合う」という仮説を考えるのが仮説的推論です。

このように，仮説的推論の特徴は，第1に，なぜそのような事実が経験されたのか，という理由についての仮説を立てるところにあります。つまり，仮説的推論では，モノが落下するのはなぜかについての説明を提案するのです。第2に，そこで立てられる仮説が実際に目で見て確かめることのできないことを含むという特徴を持っています。「引力」の存在を実際の観察で確かめることはできませんが，そうした確かめようのないものを含めて説明し

ようとする点が仮説的推論の特徴といえます。

したがって，帰納的推論が，似ているものや同じカテゴリーのものには類似した特徴や性質があるだろうと推論する（例「コップが下に落ちるなら本も下に落ちるだろう」）のと比べて，仮説的推論にはより大きな飛躍がみられるといえます（例「コップが下に落ちるのは目に見えない『引き合う力』があるためだ」）。ものの落下の例でいうと，「引力」は物が落ちる「理由」についての仮説になっていますが，「引力」のようなものがあるかどうかを直接確かめることはできません。

では，論理的に考えるというのは仮説的推論の観点からはどのように表現できるでしょうか。まず重要なのは，「そう考えると納得できる」というような理由や根拠が示されているか，という点です。多くの人がより納得できる説明がより「論理的」な仮説的推論であるといえるでしょう。

多くの科学的探究のプロセスでは，これまで述べてきた3つの推論が一連の思考として生じています。まず，仮説的推論による仮説発見がなされ，それをもとに演繹的推論が行われます。仮説的推論による仮説を前提として，どのような結論が導かれるかを分析するのです。最後の段階として用いられるのが帰納的推論です。演繹的推論によって得られた結論と一致するような事実がどのくらい確認できるか，テストするのが帰納的推論の役割になります。このように，私たちはそれぞれ異なる性質をもつ推論を組み合わせて「論理的思考」をしているのです。

9.3 論理的に考えることはなぜ難しいか

9.3.1 日常場面での推論と形式的推論

では，私たちは普段の生活の中でどのくらい「論理的に」考えることができるのでしょうか。分析的推論や拡張的推論は適切に用いられているでしょうか。この問いに答えるために，まず推論の問題としてもっとも有名なウェイソン（Wason, 1966）の選択課題を取り上げてみましょう。この課題は日

本では「4枚カード問題」として有名です。

図9.1に4枚のカードがありますね。どのカードも片方の面にアルファベット，もう片方に数字が書いてあります。このとき，「母音の裏側は必ず偶数である」というルールが成り立っているかどうかを調べるには，どのカードをめくってみる必要があるでしょうか。

図9.1　ウェイソンの選択課題（Wason, 1966）

一見簡単そうですが，この問題の正答率はたいへん低く，10％程度であるといわれています（市川，1997）。「A」のカードのみ，もしくは「A」と「4」を選ぶというのが典型的な間違いのパターンです。1枚ずつ検討してみましょう。ここでのルールは「母音　ならば　偶数」という演繹的推論の形で表現できます。したがって，正しい推論が成り立つ場合について確認する必要がある，と考えると正解にたどり着くことができます。表9.1を参照しながら考えてみましょう。

A：「母音　ならば　偶数」は正しい推論
　　⇒裏が偶数かを確かめる必要がある。
K：「母音でない　ならば　偶数でない」は間違った推論
　　⇒裏の数字はどちらでもよいからめくらなくてよい。
4：「偶数　ならば　母音」は間違った推論
　　⇒裏が子音でもかまわないからめくらなくてよい。
7：「偶数でない　ならば　母音でない」は正しい推論
　　⇒裏が子音かを確かめる必要がある。

9.3 論理的に考えることはなぜ難しいか

このように考えると,「A」のカードと「7」のカードを選択するのが正解となります。演繹的推論の形にすると,簡単な問題のように思われますが,正答率が低いのはなぜでしょう。私たちが「非合理的」で「非論理的」なせいなのでしょうか。

1. 形式ではなく内容で考える

4枚カード問題を解くのが難しいのはなぜか,その理由を考えるため,図9.2の問題をみてください。4枚の領収書があります。5万円以上の領収書は裏に責任者のサインがなければ無効になってしまいます。有効な領収書かどうか確かめるためにはどの領収書を裏返して確認する必要がありますか?

図 9.2 領収書問題（D'Andrade, 1982 をもとに筆者が変更して作成）

いかがでしょう。今度は一番左と一番右の領収書を迷わず選択できたのではないでしょうか。この問題は,先ほどの4枚カード問題とまったく同じ形式の推論として整理できます。しかし,こちらのほうがずっと易しく思えますね。いったいなぜでしょう。

これは,私たちが普段演繹的推論の枠組みによってではなく,自分たちの知識を使って前提や出題の意図を理解し,それに基づいて推論を行っているためだと考えられます。つまり,私たちは形式ではなく内容をみて考えているのです。担当者のサインがあることはその領収書が正しく発行されたことを保証する,だから必要だ,と理解することで,保証が必要な場合を正しく見つけることができるのです。この場合,保証が不要なものを無視するのは簡単になります。

2. 具体的だと分かりやすい？

　上の領収書問題をみせたとき，「なるほど，具体的だとよく分かるということなんだな！」と考えたくなりますね。しかし，問題は「具体的かどうか」ではなさそうなのです。具体的なものを題材にしていても，たとえば「焼き鳥を食べるときはコーラを飲む」というような必然性のないルールでは問題が簡単になることはありません（Manktelow & Evans, 1979）。

　チェンとホリオーク（Cheng & Holyoak, 1985）は，「スキーマ」に基づいて推論が行われていると考えれば，こうした現象が説明できることを示しました。スキーマとは，私たちが対象について持っている知識の枠組みのことでした（第3章）。つまり，私たちは，形式的枠組み（PならばQ）ではなく，特定の具体的経験に基づくのでもなく，抽象的な知識枠組みを用いて推論をしていると考えられるのです。チェンとホリオークはこのような推論に用いられるスキーマのことを「**実用的推論スキーマ**」と名づけました。では，このスキーマはどのように推論に関わっているのでしょうか。

　チェンとホリオークが取り上げたのは「許可」のスキーマでした。実際にそのような場面に出会ったことがなくても，私たちはさまざまな経験をとおして「許可」という枠組みを持つようになっています。そしてそのような枠組みが推論の基盤になっていると考えられるのです。許可スキーマが喚起される例としては「酒を飲むならば20歳以上でないとならない」というルールがあります。このルールがあるとき，飲み物や年齢を調べなくてはならないのは次の1から4のどれでしょう。

1. ビールを飲んでいる人
2. ジュースを飲んでいる人
3. 25歳で何かを飲んでいる人
4. 16歳で何かを飲んでいる人

　答えが1番と4番であることが簡単にわかりますね。これは，行為とその

9.3 論理的に考えることはなぜ難しいか

ための条件によって作られる「許可」スキーマを私たちが持っているため、それに基づいた推論が可能なのだと考えられます。「許可」スキーマとは、「○○をしてよいのは、××のときだけ」という枠組みです。○○には「タバコ」や「投票」などさまざまな行為を当てはめることができます。したがって、スキーマ自体は具体的な場面や行為を含まず、○○と××に具体的（だと思われる）対象や事実を当てはめることで、さまざまな場面に適用して考えることができます。

チェンとホリオークの実験では、図9.3 の封筒問題を使って許可スキーマの働きを調べました。図9.3 に4つの封書がありますが、封印した封筒には20セントの切手を貼らなくてはいけません。このルールが守られていることを確かめるために、実験参加者は裏返す必要があるものを選ぶよう求められました。

図 9.3　封筒問題（Cheng & Holyoak, 1985 をもとに筆者が作成）

このルールは、チェンとホリオークの実験に参加したアメリカの参加者には理解できなかったようです。もしかすると皆さんも、何でそんな変なルールなんだろう、と疑問に思われたかもしれません。参加者たちの正答率はあまり高くならず、約6割でした。理解できないルールに対して「許可」スキーマをあてはめることができなかったからでしょう。それでもオリジナルの問題と比較すると正答率が高いのは、うまくスキーマを喚起できた人も多かったためかもしれません。一方、この問題と似たような規則があった香港の参加者たちの正答率は約9割でした。これは、似たような規則の経験から、この問題が単なる組合せではなく、「許可」スキーマを当てはめて考える事態だと理解することができたためだと考えられました。事実、アメリカの参加者でも「なぜこのようなルールなのか」という根拠が示されたグループで

は，正答率は香港の参加者とほぼ同等になりました。根拠が示されたことで，「許可」スキーマをうまく当てはめられたのだと考えられます。

このように，私たちが日常生活の中で「演繹的推論を行う」という場面では，「PならばQ」という形式によって推論しているのではなく，もともと持っているスキーマを活用した推論を行っていると考えられます。同じ演繹的推論であっても，論理的に妥当な結論を導き出せる場合もあれば，不適切な結論を導き出すこともあるのです。もともとのスキーマが演繹的推論と同じ枠組みを提供するものであれば，私たちは比較的容易に「論理的に考える」ことができます（飲酒ルールに関する問題のように）。一方，スキーマが演繹的推論の枠組みと一致しない場合には，不適切な推論をしてしまいやすくなるのです（ウェイソンの選択問題のように）。

9.3.2 仮説を確かめることの難しさ

論理的な思考が，科学的発見のような新たな理論を生み出すときにも重要な役割を果たすことを，仮説的推論の項（9.2.2）でも簡単に説明しました。出来事を説明するための仮説を考えて，その仮説の適切さを評価することが多くの科学的研究の中心的活動だといってもよいでしょう。仮説を立てそれを検証するという一連の推論の中で，難しいのは「仮説を適切に確認するためのデータを得る」ことだといわれています。これはどういうことなのか，先ほどのウェイソン（Wason, 1960）が作った「2-4-6課題」とよばれている課題（図9.4）を取り上げて考えてみましょう。

「2-4-6課題」は，あらかじめ設定されている「3つの数字を並べる規則」を当てるゲームです。初めに，実験者が「2-4-6」という3つの整数を参加者にみせ「3つの数字が提示される規則を見つけてください」と参加者に教示します。参加者は，数字がどのような規則で並んでいるか，あらかじめ設定されている「正しい規則」について「仮説」を立てます。そして，その仮説をもとに3つの数字の組を実験者に提示します。実験者は，その参加者が考えた3つの整数が「正しい規則」に合っているかどうかを答えます。

例はいくつあげても構いません。参加者があげた例が「正しい規則」に沿ったものであれば，実験者は「はい」と答えます。規則に違反する例の場合には「いいえ」と答えます。参加者はこうして，「正しい規則に従っている例」と「正しい規則に従っていない例」をデータとして，仮説が合っているかどうかを検証するのです。参加者は「この仮説が正しそうだ！」と確信できたら，実験者に推論した仮説を提示します。そこで実験者は，参加者が考えた規則が「正しい規則」かどうかを答えます。仮説が「正しい規則」でなかった場合は，新たな仮説を考えてまたデータを蓄積することを繰り返します。

この課題の面白いところは，参加者があげる例から，「ヒトが仮説を検証するときにどうやってデータを得ようとするか」が分かる点にあります。皆さんは「正しい規則」は何だと考えましたか？　それが初めの「仮説」になります。ではその仮説を確かめるためにどのような例をあげたらよいでしょうか。

多くの場合，「2-4-6 課題」は図 9.4 に示したように展開します。多くの参加者は「2 ずつ増加する数」という「仮説」を考えます。そして，その後参加者が例として提示するのは「4-6-8」のような「仮説が正しい」ことを

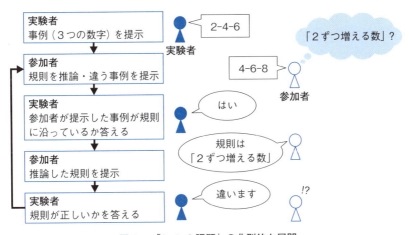

図 9.4　「2-4-6 課題」の典型的な展開

前提としたものであることが分かっています。「4-6-8」の例は「正しい規則」に合っていますので，実験者は「はい」と答えますが，実は参加者が想定している「2ずつ増加する数」という仮説は実験者が想定した「正しい規則」ではありません。自分があげた例に対して「はい」と言われると，仮説が肯定されたように思いますが，そうではないのです。

「2-4-6課題」の「正しい規則」は「増加する数」というシンプルなものです。正解を聞くと「なあんだ」と思われるかもしれませんが，多くの参加者はなかなかこの正解にたどり着くことができません。この問題が難しい理由はいくつかありますが，その一つとして，仮説を評価するためのデータとして適切な例をあげるのが難しいということがあげられます。

先ほど述べたように，この課題で提示した例に「はい」という答えが返ってくることをもとに「正しい規則」にたどり着くのは困難です。「はい」という答えを期待する事例ではなく，「いいえ」という答えを期待するような事例をあげる必要があるというところがポイントです。たとえば，「2ずつ増える数」という仮説を持っている場合に，「6-4-2」という例をあげるとこれには予想通り「いいえ」という答えが返ってくるでしょう。次に，「1-2-3」のような事例を提示したときにも，「いいえ」という答えを期待しますが，実際に返ってくるのは「はい」という答えです。この場合は，自分の仮説が誤っているということになりますから，仮説を修正するほうがよさそうだ，ということが分かります。

このように，自分の仮説を評価するためには，仮説にそった例を考えて「確かに事例が仮説にそっていること」だけを確認するのではなく，仮説に反するさまざまな例をみてみて「仮説に反する事態が生じないかどうか」を確認する必要もあるのです。ですが，人間は「はい」という答えを期待した確認作業に偏ってしまう傾向があります。つまり「仮説に沿っているデータ」を取り上げ，「仮説に反する（かもしれない）データ」をみようとしないのです。このような傾向を「確証バイアス」とよんでいます。

9.4 まとめ

　推論の研究からは,「論理的に考える」というのは, 演繹的推論, 帰納的推論, 仮説的推論の3つが適切にできることだといえます。演繹的推論は, 特定の形式に従っていれば正しい推論ができますが, 間違った推論をしてしまうことも少なくありません。一方, 日常生活の中では, 私たちは形式や具体的な経験ではなく, その事態を判断するためのスキーマを用いて推論していると考えられました。演繹的推論がうまくできたというのは, 必ずしも形式的な推論ができたということではなく, スキーマをうまく適用することができたのだと考えるほうがよさそうです。

　私たちの思考を拡張するタイプの2つの推論（帰納的推論, 仮説的推論）は, 演繹的推論と比べて正しいことが保証されないという特徴を持っています。これらの推論が「論理的」かどうかを決めるのは事例の数や一般化の範囲の適切さ, 仮説のもっともらしさ, といった, より不明確な基準です。しかし, 私たちが世界についての知識を広げていくのは, これらの拡張的推論です。「論理的に考える」ことを通して世界についての知識を広げていくためには, これらの推論を組み合わせて, より妥当な結論にたどり着かねばなりません。このとき, 私たちは自分の考えに合致した事例にばかり注目しがちですが, 合致しない（かもしれない）事例に注目しないと適切な帰納的推論も困難になることに注意が必要です。

9.1

　若者をターゲットにした商品開発をするので「日本の若者に人気の色」を知りたい，と考えています。このとき「A市にある大学の学生100名」を対象に調査した場合と，「国内20市町村の20歳男女100人」を無作為に選んで調査した場合では，どちらのほうが有益な情報が得られそうですか。それはなぜですか？　推論の枠組みから考えてください。

memo

9.2

海から遠く離れた標高の高い山で，海水魚の化石が発見されることがあります。ここからどのようなことが推論できるでしょうか。また，その推論が正しいかどうかを確かめるにはどうすればよいでしょうか。

memo

9.3

確証バイアスが働いて論理的に考えるのに失敗してしまう場面としてどのような状況があるでしょうか。具体的な状況を思い浮かべて，どのような確証バイアスがみられるか説明してみてください。

memo

A9.1

なんとなく「国内20市町村の20歳男女100人」のほうがよさそう，と直感的な判断ができた人も多いのではないかと思います。大切なのは「なぜ」そういえるか，です。「偏りがあるから」「A市だけ特殊かもしれない」「大学生と大学に行っていない若者にはいろいろな違いがあるのではないか」という理由をあげることができます。これは推論の枠組みからどのように整理できるでしょうか。

このような調査は，個々の調査対象者のデータ（事例）をもとに，「若者」というカテゴリー全体について判断するという帰納的推論としてとらえることができます。このとき，より情報量が多いのは，データがカテゴリーのどの程度をカバーしているか，という点から判断できます。広い範囲をカバーできているほど，そのデータをもとにした一般化がもっともらしい，と判断できるわけです。

別の例として，下の2つのデータを比べてみましょう。

データA：スズメには竜骨突起がある，カラスには竜骨突起がある，ムクドリには竜骨突起がある。
データB：スズメには竜骨突起がある，ダチョウには竜骨突起がある，ペンギンには竜骨突起がある。

このとき，データAよりデータBのほうが「鳥類には竜骨突起がある」という推論が確からしくなります。これは，鳥類というカテゴリーの中でどのくらいの範囲をそれぞれのデータがカバーしているか，という観点から理解することができます。データBのほうが，より広い範囲をカバーしていますね。

若者を対象とした調査の例についても同様に，若者というカテゴリーを

より広くカバーしている調査のほうが，そのカテゴリーについてより確からしい判断ができるといえるのです。

9.2

　これは，米盛（2007）にあげられていた仮説的推論の例です。海に棲む生物の化石が山でみつかるというのは「驚くべき事態」ですね。そこで私たちはさまざまな仮説を考えることができます。「昔は海の底だった」「太古の昔に遠くの海から生物を巻き上げてくるような大竜巻が起こった」「宇宙人が海でとらえた生物を化石にして山の中に放置した」「儀式のため大量の魚が長距離運ばれてきた」などなど。これらの仮説の正しさは，そのもっともらしさから「とりあえず判断する」ほかありません。

　仮説的推論の結果から，一番もっともらしい「昔は海の底だった」という仮説を取り上げてみましょう。この推論が正しいかどうか，確かめるためには，まず演繹的推論が必要です。昔海の底だったかどうかを直接確かめるわけにはいかないので，データから仮説を推論する必要があります。「QでないならPでない」という形式を利用すると，「他に海の生物の化石がみつからない」ならば「海の底ではなかった」という推論ができます。他に海の生物の化石がみつかれば，上の推論は成り立ちませんから，仮説のもっともらしさを確認することができます。

　上にも述べたように，仮説的推論のような拡張的推論の正しさは決めることができません。みんなが納得できるような説明になっているか，というもっともらしさを基準に「今のところそう考えるのが一番正しそうだ」と仮の結論を出すしかないのです。

　多くの人が「科学は真実を明らかにする」というイメージを持っていますが，実は科学や学術的研究の結論というのは，拡張的推論の成果ということができます。したがって，今「科学的な真実」といわれているものは，「考えた仮説の中ではひとまず一番もっともらしい」と判断されているに

過ぎません。ですから，新たなデータやよりよく事例を説明する他の説明が提案された場合には，もともとの仮説を捨てることになります。

これは自然科学（惑星の探索や医学・生物の研究）に限らず，人文科学（歴史や文学）や社会科学（経済学や心理学）でも同じです。新たな文書が発見されたことで，歴史上の事実と思われていたことが変わることもあります。研究が進むというのは，それまでの「事実」が新たな推論によって新しい「事実」へと更新されていくということでもあるのです。

A9.3

まず，冒頭であげた「外国製のパソコンは壊れやすい」という帰納的推論を思い出してください。あなたはこの推論が実際どのくらい正しいと思いますか？　次に，表 9.2 をみてください。この表は，日本製と外国製 30 台のパソコンについて購入後 3 年以内に故障があったかどうかを示しています。30 台の事例を通して，推論は正しいといえるでしょうか？

実は，表 9.2 に示したのはランダムに発生させた変数をもとにしたもので，「外国製のパソコンの故障率」と「日本製のパソコンの故障率」が同じになるように作ったニセモノの調査結果です。しかし，「外国製のパソコンのほうが壊れやすい」と思っている人は，この表をみて「やはり外国製のパソコンが壊れやすい」と確認しがちです。これは表の左側の「外国製」の場合に「壊れた」パソコンがどのくらいあるかに注目しやすいためです。典型的な確証バイアスだといえますね。一方，もともと「外国製のほうが壊れやすいことはない」と思っている人は，「外国製」だけでなく「日本製」の故障にも目を向けやすいので，同じ表をみても「外国製のパソコンが壊れやすいことはない」と考えます。

確証バイアスは，このような日常的な推論だけでなく，科学的研究でもしばしば問題になります。たとえば，実験結果のうち，仮説に合致したと

表 9.2 パソコン 30 台の故障の有無（○：故障なし，×：故障あり）

	製造地	故障の有無		製造地	故障の有無
1	日本	○	16	日本	○
2	日本	○	17	外国	○
3	外国	×	18	日本	×
4	日本	×	19	日本	○
5	外国	×	20	日本	×
6	外国	○	21	外国	×
7	外国	○	22	外国	○
8	外国	×	23	日本	×
9	外国	○	24	日本	×
10	日本	○	25	外国	×
11	外国	○	26	外国	○
12	日本	×	27	日本	○
13	外国	○	28	日本	×
14	日本	○	29	日本	○
15	外国	×	30	外国	×

ころにのみ注目して，仮説に合致しないところを見逃してしまう，というようなことが起こるのです。確証バイアスは，帰納的推論における結論の適切な修正を妨げる人間の考え方のクセの一つです。科学的研究では，こうしたクセが妥当な推論を妨害していないか，第三者がチェックするシステムを取り入れています。「論理的に考える」トレーニングを積んだ研究者であっても，確証バイアスに陥るのを防ぐのは簡単ではないということですね。

本章であげた「2-4-6課題」はあまり具体的・日常的な課題ではありませんでしたから，「本当に確証バイアスなんてあるの？」と疑問を持たれた方もいるかもしれません。「2-4-6課題」に関しては，もともと多く

の参加者が思いつく仮説が，正解をより詳細にした規則であるため，解決がより難しくなってしまっている側面があります。ですので，「2-4-6課題」を確証バイアスの観点からのみ論じるのは適切ではないのではないかという指摘もあります。しかし，日常生活の中にも確証バイアスはいたるところにみられますし，そこから考えると，「2-4-6課題」の難しさの少なくとも一部は確証バイアスによるものだといってよいように思われます。

第10章 原因を正しくみつけることの難しさ
——因果推論と認知的バイアス

　日頃，私たちはしょっちゅう「原因」を考えています。テストの成績が思ったよりひどかったときには「何でこんなに悪い成績になったんだろう。あんなに勉強したのになあ」とやはりできなかった理由を考えがちです。ダメだったときばかりでなく，成功したとき，たとえばテストの成績が思ったよりよかったときにも「やった！　一生懸命頑張ったかいがあったぞ！」と自分の頑張りが原因であると推論しますね。このように，日常生活のさまざまな場面で，私たちは「なぜこのようなことになったのか」と原因を考えるクセがあるようです。

　「原因は何か」に関する推論は「因果推論」あるいは「原因帰属」とよばれます。本章でとくに原因帰属に注目する理由は，私たちが日常生活の中で行う推論の多くが，この原因帰属に関わっていると考えられるからです。因果推論（原因帰属）は，私たちが世界の意味や秩序を理解するときの重要な枠組みとなっていると考えられます。ですから，因果や原因が分からないという状況は，人間にとって不安で落ち着かないものだと考えられます。子どもがすぐに「なんで？」「どうして？」と尋ねるのは，このような「世界の意味を理解したい」「秩序を理解して安心したい」という動機があるからかもしれません。

　実際，すぐに原因を見つけようとすることは，人間が厳しい環境の中で生き残っていくために役に立ったのだろうと考えられます。原因を素早く見つければ，それだけ早く変化に対応し適切に行動することができるでしょう。しかし，私たちがいつでも正確に原因を見つけることができるか，というと，「そうでもない」「失敗も多い」というのが面白いところです。

　本章では，人間が原因を考えるときにやってしまいがちな失敗をもとに，私たちの「考え方のクセ」について理解しましょう。そこから，よりよく（原因を）考えるヒントを見つけることができるはずです。

10.1 必要原因と十分原因

ひとくちに「原因」とまとめてしまいがちですが，2種類の原因を区別することが，適切な原因帰属には重要です（ゼックミスタとジョンソン，1997）。

1つ目は**必要原因**とよばれる，「それがないと結果が起こらない」という原因です。たとえば，「水」は「チューリップが咲く」ということの必要原因だといえます。このとき，水がなければチューリップが枯れてしまうことが明らかだからです。もう一つの**十分原因**は，「それさえあれば結果が起こる」という原因です。「水」があるだけでは「チューリップが咲く」という結果が起こらないこともありえますから，「水」は「チューリップが咲く」ことの十分原因ではありません。植物が育って花が咲くためには他にもいろいろと必要な要素があるはずです。ただし，必要原因がたくさん集まって十分条件になるということはあります。「水」「温度」「栄養」などの必要原因がたくさん集まれば，「それらがあれば結果が起こる」といえるでしょう。このときあげられた原因（の集合）は「チューリップが咲く」という結果の十分原因になるのです。

何か特定の出来事があったときに，適切に原因を推論するためには，必要原因と十分原因をよく見分けることが必要になるでしょう。たとえば，必要原因の一つでしかないものを十分原因だと判断してしまうと，他の重要な必要原因を見落としてしまうかもしれません。「チューリップが咲かない」という問題が発生したときに「水」が十分原因だと判断してしまったら，次の年もチューリップを咲かせることはできないでしょう。原因を考えるときには，その原因が十分原因か必要原因の一つかを見極め，他に十分原因となる原因がないか，組合せによって十分原因になる可能性があるか，と考える必要があるのです。

しかし実際には，人間が原因帰属をする際には，必要原因か十分原因かを見極め他の原因との組合せを考える，というような慎重なやり方はなかなか

なされません。しようとしてもできない，というほうが正しいかもしれません。記憶の特徴（第1章）で述べたように，人間が一度に処理できる情報の量には限りがあるからです。たくさんの原因を一度に検討し，適切なもの（あるいはその組合せ）を見つけ出すというのは，時間のかかる面倒なやり方ですし，不可能な場合も多いでしょう。私たちは毎日多くの出来事や問題について原因を考えなくてはいけませんから，もっとラクに素早く原因を見つけるやり方が必要になってきます。

10.2 原因帰属のヒューリスティック

　ここで登場するのがヒューリスティックです。問題解決の方略の一つとしてヒューリスティックについて説明しましたが（第6章参照），因果推論の場合も人はさまざまなヒューリスティックを用いています。ヒューリスティックとは，「多くの場合正解にたどり着ける（ただし正しさは保証されない）簡便な方法」ですから，失敗する可能性もありますが，多くの場合，よりラクに素早く原因を見つけることができます。しかし，そのヒューリスティックをいつでもどこでも使ってしまうと，思いがけない因果推論の失敗をしてしまうことになります。ヒューリスティックを用いることでどのような因果推論の失敗が生じるのか，紹介しましょう。

10.2.1　相関の錯誤

　原因を考える際には，まず，出来事と関係していそうな要素を考えますね。その要素が変わると出来事の状態が変化する，というように，2つのものごとが伴って変化する傾向がみられるときに，その2つの間に「相関」がある，といいます。たとえば，身長と体重には相関があります。身長が高くなるほど体重が重くなる傾向があるのはよく分かりますね。また，気温と暖房の使用頻度にも相関があります。気温が低くなるほど暖房の使用頻度は増加するからです。

適切に関連する要因を見つけられればよいのですが，もともと持っている期待や先入観によって実際にはない相関を「見つけてしまう」ことがあります。これを「相関の錯誤」とよんでいます（Chapman, 1967）。

チャップマン（Chapman, 1967）は，日常生活におけるさまざまな場面で，こうした相関の錯誤がなされていることを報告し，これが迷信や信仰の存続を助けているのだと主張しています。四つ葉のクローバーを見つけると幸運が舞い込む，という迷信が信じられているのは，「四つ葉のクローバーの発見」という要素と「日常生活の中での幸運な出来事」に相関があると考えるからですが，実際にはそのような相関があるとは思われません。雨乞いの儀式に意味があると考えるのは「雨乞いの儀式」と「雨が降ること」に相関があると考えるからですが，これも科学的には正しくない因果推論でしょう。

こうした相関の錯誤には，第9章で紹介した「確証バイアス」も関係しています。四つ葉のクローバーと幸運に相関があると考える人は，四つ葉のクローバーを見つけた後にちょっとした幸運な出来事があれば「四つ葉のクローバーを見つけたからだ！」と考えます。自分の仮説に合致した出来事だけに注目してしまうのです。不運な出来事や四つ葉のクローバーがないときに起こった幸運な出来事は無視しがちで，自分の仮説に合致しない出来事は目に入らなくなってしまうのです。

四つ葉のクローバーと幸運の関係は，表10.1のような四分割表で表すことができます。表をみると，幸運な出来事も不運な出来事もクローバーの存在に関係なく生じていることが分かります。しかし，人は四分割表の左上の部分にばかり目を向けがちです。「四つ葉のクローバーを見つけたら幸運なことが15もあったぞ！」と喜んでしまうのですが，四分割表の他の部分に目を向ければ，クローバーがなくても同じくらい幸運な出来事は起こりますし，不運な出来事もそれなりに起こっている，というわけです。

このように，相関の錯誤は，本来みるべきデータ（表10.1）全体をみずに，一部（表の左上）だけを取り出してみることによって生じますが，データ全体をみることができない場合や，逆に「あるはずの相関を見逃す」というこ

とも起こります。

表 10.1 四つ葉のクローバーと幸運な出来事が起こった回数

	クローバーあり	クローバーなし
幸運な出来事	15	15
不運な出来事	8	8

　たとえば，化粧品のコマーシャルで「6カ月継続して使用した100人のうち90人が美肌効果を実感しています」と言われると，化粧品の使用と美肌効果に関係がある，と考えたくなります。しかし，「6カ月使用しなかった人」はどのくらいいて，その人たちはどう感じたのかがこのコマーシャルからはわかりません。先ほどの4分割表にあてはめると表10.2のようになります。左の列はみえますが，右の列はわかりません。ここで，途中で使用停止した人のうち「効果あり」が100人，「効果なし」が800人であったとしたらどうでしょう。1,000人のモニターのうち，継続使用した人がそもそも1割程度だとすると，急に化粧品使用の効果が疑わしく感じられます。使うのをやめたのは効果がまったく感じられなかったり，わずかだったりしたためでしょう。むしろ逆効果だったかもしれません。みえている情報だけで相関を判断することが危険な場合もあるということです。

表 10.2 化粧品の使用と美肌効果

	6カ月継続使用	途中で使用停止
美肌効果あり	90	(100)
美肌効果なし	10	(800)

　一方，相関を見逃すというのはどのような状況でしょうか。入社試験の成績や面接での評価が高い社員があまり活躍しなかったり，試験や面接の評価は低いのに活躍する社員がいたりする場合を考えてみましょう。採用試験は

活躍することの「原因」ではありませんが，相関があることは期待できるはずです．このとき，まず注意しなくてはならないのが，成績が低かったのに活躍しているような目立つ例ばかりをみていないかということです．もしかすると，活躍する社員の平均的な成績は活躍していない社員より上かもしれません．とくに，成績と活躍の間には関係がないのではないか，という仮説を持っているときは，「確証バイアス」でそのような仮説に当てはまる事例ばかりに注目しがちです．

では，表 10.3 のように成績が高い場合と低い場合それぞれについて活躍している人数と活躍していない人数を数えても，相関がなさそう（あったとしてもわずか）な場合はどうでしょう．「どうも採用方法が悪いのではないか」と考えたくなります．しかし，「もっと成績が低い応募者」の結果が隠れていることに注意が必要です．つまり，成績が合格基準以下の応募者はそもそも入社しないので，活躍の有無をみることができないのです．たとえば，表 10.3 に示したようなデータが得られるとすれば，現在の採用方法がより活躍する可能性のある応募者を選んでいるということが分かります．

表 10.3 採用時の成績と社員の活躍

	成績が高い	成績が低い	合格基準以下
活躍している	28	22	5
活躍していない	25	25	95

この例のように，そもそもデータとしてみることのできない部分が隠されているとき，その情報を補ったり，不確かな部分があることに留意しながら考えを進める必要があります．しかし，みえない部分を意識することは簡単ではありません．

10.2.2 前後論法

次に紹介するのは「前後論法」というヒューリスティックです．何かが起

10.2 原因帰属のヒューリスティック

こる原因は，その出来事の前に生じているはずです。ですから，私たちは原因を考えるときに，ある要因が生じる前と後の変化に注目して，「変化が起こったのはこの要因が原因だ」と推論するというヒューリスティックを頻繁に用いています。これが「前後論法」です。

たとえば，去年と比べて成績がよくなった生徒がいたとしましょう。その生徒が学習塾に通い始めたと聞くと「塾に通ったから成績がよくなったのだ」とこれまではなかった要因（塾）が原因だと推論しがちです。また，その子どもの父親が「成績がひどく悪かったので厳しく叱ったんですよ」と話しているのを聞いたら「厳しく叱ったことに効果があったのだ」というように，変化が生じる間にあった出来事（厳しく叱る）を原因だと考えやすいですね。一見このヒューリスティックで因果推論を間違えることはないように思われるかもしれませんが，いくつか注意しなくてはならないことがあります。

1. 他の原因

まず考えなくてはならないのは，「他に原因の候補はないか」ということです。目につきやすい要因に注目してしまいがちですが，実は他にもたくさんの「原因の候補」があることが少なくありません。上の例でいえば，塾に通ったことや父親が叱ったことではなく，学校の先生が変わってその子どもの興味をひくような素晴らしい授業をしてくれたのかもしれません。また，「そろそろ受験だ」と本人がやる気を出したため成績が向上したのかもしれません。こっそり母親が「成績がよくなったら〇〇を買ってあげるわよ」と約束していたということも考えられます。塾や父親の叱責も原因かもしれませんが，原因は1つとは限りませんし，目につくものだけとも限らないのです。限られた要因だけに注目して「じゃあうちの子も塾に通わせよう！」とか「じゃあうちも厳しく叱って育てよう！」と考えるのは危険だということになります。

2. 平均への回帰

　ある有名なスポーツ雑誌には「表紙を飾ると次のシーズンの成績が低下する」というジンクスがあります。ここまで読んでこられた皆さんは「それって間違った因果推論じゃないの？」とお考えになるでしょう。その通り。スポーツ雑誌の表紙を飾ることが原因となって次のシーズンの成績が悪くなる，という推論は誤りです（Gilovich, 1991）。

　まず「どのような人がスポーツ雑誌の表紙を飾るか」を考えてみましょう。スポーツ雑誌の表紙を飾るのは，その年とくに活躍をした選手だと考えられます。スポーツ選手であっても活躍の程度には波がありますから，とくに活躍をした年というのは，その選手が「普段の平均的なシーズン以上に成績がよかった」ということを表していると考えられます。普段よりよくできたからスポーツ雑誌の表紙に選ばれるわけですから，その次のシーズンは普段通りの成績になる可能性が高くなります。つまり「スポーツ雑誌の表紙を飾った後成績が低くなる」わけです。

　皆さんがスポーツ選手でなくても，勉強や仕事で「普段以上によくできたとき」と「普段よりよくできなかったとき」があると思います。「普段以上によくできたとき」の後は普段通りに近づきますし，「普段よりよくできなかったとき」の後も普段通りに調子が戻るでしょう。このように，普段と違う例外的な出来事の後には，より普段の状態に近い出来事が生じる傾向があります。これを「平均への回帰」とよんでいます。平均への回帰からは，例外的に成績のよかった次のシーズンでは，スポーツ選手の成績は（スポーツ雑誌の表紙にならなくても）低下する傾向があることが予測できますし，例外的に不調であったシーズンの後は（特別な練習をしなくても）成績が向上する傾向がみられるでしょう。ジンクスや特別な練習を信じる前に「それって平均への回帰で『普段通り』に戻っただけかも」と考えてみるほうがよいかもしれません。

10.3 思い込みから原因を探し出す

　ここまで述べてきたように，因果推論では，データの一部分に注目したり，自分の考えに合うところばかりみてしまったりすることが適切な原因を見つける妨げになります。原因になりそうなものについて，思い込みを捨てて広い視野で考えることが大切です。しかし，私たちはそもそも「思い込みを捨てる」ことが苦手なようです。私たちがさまざまな経験を通して作り上げる記憶の枠組み（「スキーマ」）については第3章で説明しましたが，スキーマに合致したものをよく覚えていたり，スキーマに合うように情報を再構成したりするという記憶の特徴自体が，私たちがある種の思い込みに基づいて世界を理解していることの一例だといえるでしょう。

　本節では，原因を考えるときに，私たちの「思い込み」がどのように影響するかを考えてみましょう。

10.3.1　代表性ヒューリスティック

　「大学教授」「外国人」と言われると，どのような人が頭に浮かびますか？おそらく，多くの人が図 10.1 のような人を想像したのではないでしょうか。私たちは，「その集団をよく表しているヒトやモノ」，つまり，その集団をよく表すような典型的なヒトやモノについて特定の知識を持っていると考えられます。こうした典型例に近いヒトやモノは「代表性が高い」といわれます。私たちが不確実な内容について推論するときに，その対象についての情報を

大学教授　　　　　　　外国人

図 10.1　「いかにも」○○

正確に検討するのではなく，典型例を基準に考えてしまいがちだというのが**代表性ヒューリスティック**です（Tversky & Kahneman, 1982）。

　こういうと代表性ヒューリスティックによる判断は間違いばかりかと思われるかもしれません。しかし，多くの場合代表性ヒューリスティックは的確にしかも早く適切な判断を導きます。「代表性」はその集団にかかわる私たちの経験をもとに構成されていく概念です。ですから，代表性が高いモノやヒトのイメージは，実際にその対象と一致することが多いのです（図 10.1 はいささか極端かもしれませんが，こうした外見の大学教授や外国人も少なくありませんね。大学教授に関していえば，「年配の男性」が多いことは事実です）。しかし問題は，重大な場面やそれが適切ではない場面でもこのヒューリスティックが働いてしまうことです。

　代表性ヒューリスティックは「人」に対してだけ働くわけではありません。ギロヴィッチたちは「ランダムな出来事に法則があると考えてしまう」という事例をあげています（Gilovich et al., 1985）。つまり，「いかにもランダム」「ランダムの典型像」の知識を私たちは持っているというのです。たとえば，当たり外れがランダムに出てくるくじ引きをしたとき，外れが続いたら「ランダムなんだから，そろそろ当たりが出るだろう」と思ったことはありませんか？　ゲームで勝ちが続いたときに「今日はついてるぞ！　次も勝てるんじゃないか？」と考えたことはないでしょうか。ギロヴィッチたちは，こうした考え方には「ランダムな出来事」に関する代表性ヒューリスティックが関わっていると考えました。彼らは，バスケットボールの選手や観客が信じる「波に乗る」という現象が実際には存在しないことを実際のデータによって示しました。「波」というのは，ショットの成否が連続することと定義できます。実際には，成功したショットの後であっても，失敗したショットの後であっても，成功率に違いはみられません。ランダムなのです。しかし選手や観客は「偶然とは思えないほど」成否が連続していると感じるのです。

　このような認知のズレはなぜ生じるのでしょうか。まず，図 10.2 をみてください。図 10.2 はバスケットボールのショットの成否を○×で表してい

10.3 思い込みから原因を探し出す

ます。この図から，成否がランダムだといえると思いますか？　それとも，ランダムというには○が続きすぎるんじゃないか，と思われましたか？

○ ○ × ○ ○ ○ ○ × ○ ○ ○ × × × ○ × ○ ○ ○ ×

図 10.2　バスケットボールのショットの成否

図 10.2 に示した○×は乱数生成のプログラムによって発生させた系列の一部です。したがって，○と×はランダムに並んでいるのですが，「ランダムっぽくない」と見る人が多いのです。多くの人が「ランダムな並び」とは「成否が半々に分かれる」ことが典型的な現象であると考えるためです。ランダムな系列が結果としてそのような五分五分の並びになるのは長期的にみた場合であって，図 10.2 のような少数事例にはその典型的なイメージは当てはまりません。ですから，くじ引きで当たりと外れが連続したり，ゲームで偶然に勝ち続けたりしても，それは「ランダムさ」から外れていることにはなりません。しかし，私たちは「ランダムさ」の代表性に従って判断し，図 10.2 のような並びをみたとき「ランダムというには成功が続きすぎだ」と考えてしまうのです。

　原因は何かを考えるとき，私たちはこの代表性ヒューリスティックを用いて判断することがあります。原因が「ランダム」あるいは「偶然」ではなく，「ツキ」や「波」あるいは「運命」であると考えてしまうのは，「ランダムさ」の代表性に基づくヒューリスティックのせいかもしれません。

10.3.2　利用可能性ヒューリスティック

　つい先日のことです。娘が学校に提出しなければならないプリントがあったのですが，そのプリントが見当たらないという出来事がありました。「またあの子はプリントをなくしたのね！　ちゃんと整理しなさいっていつも言っているのに！」と腹を立ててしばらくたった後，そのプリントが私の机の上にあることに気がつきました。私は「プリントがない」という出来事の原

因を,「娘がなくした」のだと誤って推論したのです。娘には申し訳ないことをしましたが,このような誤った原因の推論をするのは私だけではないでしょう。

　このとき,私は「よく起こる出来事」や「すぐ思い出せること」から原因を見つけていたといえます。事実,娘はよくものをなくしますし,つい先日も手袋をなくして帰ってきました。こうした出来事は「具体的」なエピソードとして私の記憶に貯蔵してあって,すぐに検索できる状態になっています。このように,「よく起こる」「思い出しやすい」「具体的」な知識を私たちは積極的に利用しようとします。これを「利用可能性ヒューリスティック」とよんでいます (Tversky & Kahneman, 1982)。買い物に行って,何の気なしに商品を選ぶようなとき,ついつい「いつも買っている」「よくみかける」商品を選んでしまうのは,この利用可能性ヒューリスティックの一つの現れだといえるでしょう。ある出来事が起こって,その原因がいろいろ考えられるときにも,この利用可能性ヒューリスティックが働いて,「すぐに使える知識」に基づいた推論になってしまいやすいのです。

　また,このときの「よく起こる」とか「すぐ思い出せる」というのは主観的な基準です。ですから,私にとっては「娘がプリントをなくす」ことがよくあることと認められているわけですが,本人にしてみれば「そんなにいつもなくしてない」というふうにも思えるでしょうし,むしろ「お母さんがなくすことのほうが多いよ！」と言うかもしれません。彼女からすれば,私が失敗することのほうが「よく起こる」し,「すぐ思い出せ」て「具体的」なので,利用可能性がはるかに高いというわけです。このように考えると,主観的には適切な原因の推論だと思われたことが,客観的にみてみるとあまり適切ではないということも大いにありそうです。

10.4 まとめ

　私たちは,日常的にさまざまな出来事の原因を考えています。成績が上が

ったり下がったりするのは,「普通でない成績をあげた後は普通の成績に戻る」というような,いわれてみれば当たり前の出来事(平均への回帰)であっても,そこに何らかの原因があるのではと半ば無意識に考えてしまうのです。このような,「特定の原因を探そうとしてしまう」という場合だけでなく,何らかの原因がありそうな場合であっても,私たちはさまざまな間違いをします。本当は関連していない出来事の間に相関を見出してしまったり,特定の出来事の前に起こったことを原因と認識しやすかったりするのは,そうした間違いを引き起こすヒューリスティックの一つです。また,代表性ヒューリスティックのように,さまざまな出来事や人に対する「○○らしさ」の知識にもとづいた原因の判断をすることもあります。

　原因を考えるということは,「同じ失敗をしない」「次もうまくできるように」といった未来への対応にもつながります。適切な原因を見つけるということは,未来にとっても重要な問題だといえます。このとき,ヒューリスティックだけでなく,「他の原因はないかな?」「もしかするとこれは前後論法かもしれないな」と自分の考えを落ち着いて見直すことで,より適切な原因帰属ができるでしょう。

第 10 章　原因を正しくみつけることの難しさ

友人数人と待合せしているのですが，メグミさんが遅刻してなかなかやってきません。すると，メグミさんについて他の友人がこんなことを言い始めました。「メグミちゃんは血液型 B 型なんだって。だからきっと時間にルーズなんだよね。けっこうマイペースっていうか，空気読まないことも多いもんね。あと絵もうまいし」と言っています。これが適切な原因の推論になっていないことを説明してください。

memo

10.2

インフルエンザで高熱を出した友人が「何日も熱が下がらなくて大変だったんだけど，この『自然派酵素サプリ』を飲んだら次の日にはすっかりよくなったんだよ！　このサプリすごいよね！」と報告してきました。さて，この友人のインフルエンザが治った原因についての推論にはどのような誤りが含まれているでしょうか。また，このような因果推論をする他の例を考えてみましょう。

memo

第 10 章　原因を正しくみつけることの難しさ

10.3

犯罪が起こったときに、その犯人について不要な情報が報道されることがあります。たとえば、「精神疾患を患って通院したことがある」といったような情報があげられます。このような情報を付加することによって生じる問題にどのようなものがあるか考えてみましょう。

memo

A 10.1

　まず，血液型と性格の間には関連がないということは多くの研究から明らかになっています（縄田，2014）。しかし，この友人のように血液型と性格の間に関連があると考える人はいまだに多いようです。試しにインターネットで「血液型」「性格」のキーワードで検索をしてみたところ，"血液型占い" "やっぱり血液型と性格には関係があった！" というページがたくさんヒットします。このように血液型と性格の間に相関があると信じるのは，「相関の錯誤」あるいは「確証バイアス」による現象でしょう。たとえば，「A型の人はマジメだ」という仮説を持っている人は，A型の人がきちんと規則を守っている様子を，仮説を支持するデータとして採用します。一方，他の血液型の人が規則を守っている様子をみても気にしません。仮説に関連するデータとして採用されないのです。こうしてもともとはない「血液型と性格」の相関が誤って認識されるようになるのです。

　それにしても，たくさんのインターネット記事をみるにつけ，一度作られた仮説を修正するデータを得ることの難しさが分かります。こうした相関の錯誤や確証バイアスが，友人の間違った推論の背景にあることは間違いなさそうです。ですからまず，「血液型と性格の間に関係があると思うのは錯覚である」ということが重要なポイントになります。

　しかし，もっとも重要なのは，「他にあり得る可能性がたくさんある」ということです。いつも遅刻する場合には「時間にルーズ」という指摘が適切に思われますが，そうでない場合はより突発的な原因を考えるほうがよさそうです。電車が遅れているかもしれませんし，出がけにコーヒーをこぼしてしまったのかもしれません。遅刻の原因はたくさん考えることができますから，その多くの原因と血液型を比べてみて，より重大なほうを遅刻の主な原因とするほうが適切な推論だといえるでしょう。いろいろある原因の可能性の中から，「血液型」をすぐに思いついたのは，その情報

が利用可能性の高いものだったからかもしれません。

　また，人には，他人の行為の原因を他人の内的な要素（性格や能力）に求める傾向がある（Jones & Harris, 1967）ことも関係あると考えられます。これを「基本的帰属錯誤」とよんでいます。自分の行為については逆に状況のせいだと考えやすいことも知られています。人が原因を考えるときに，その行為を行ったのが自分かそれとも他人かによって原因の考え方が違ってくることが分かります。確かに，自分が失敗したときには「だってあのときは……」と状況が原因になったといいたくなりますが，他人の場合は「あの人はちょっと抜けてるところがあるから」とその人の内的な要素を指摘したくなります。こうした人間が持つ原因推論の特徴もこの場合の推論には関連するかもしれませんね。

10.2

　この友人は「病気からの快復の原因は『自然派酵素サプリ』だ」と考えているようです。これは典型的な「前後論法」です。サプリを飲んだ「後で」体調がよくなった，という事象から，原因はその出来事が起こる前にあった「サプリを飲む」ことにあったと推論しているのです。

　それにしても，サプリメントなどの売り文句に「自然派」「無添加」という言葉が使われることが多いのは興味深いですね。おそらく「自然のものは体によいはずだ」という信念を多くの人が持っており，それを利用したものだと思われます。しかしよく考えてみますと，漆は100％天然ですがひどい皮膚炎をおこしますし，トリカブトは自然の猛毒です。「自然のもの」だから「体によい」という推論はあまり一般性がないと思うのですが，化学的に合成された薬より自然のもののほうが優れているという推論はなされやすい傾向にありそうです。こうした信念が前後論法による推論をよりもっともらしく思わせる効果があるとも考えられそうです。

　さて，この友人の場合，なぜこの原因推論が誤りであるといえるのでし

ようか。ポイントは，他に可能性のある原因が考えられるかどうかです。たとえば，何日も熱が出て苦しんだということですから，おそらく何もしないでもそろそろ自然と快復するというタイミングだったのではないかと考えられます。つまり「自然に生じるプロセス」の結果として快復したのであって特定の原因があるわけではないといえるでしょう（強いていえば「休息」が原因といえるかもしれませんが）。このように，自然に生じるプロセスであっても，途中で印象に残るような特別な出来事があると，それが結果をもたらしたように思えることがあります。

　自然のプロセスにおける因果推論の間違いは他にもたくさんみられます。何日も晴れの日が続いたときに「雨乞いの儀式」を続ければ雨が降ることがあります。これは儀式が原因ではなく，天候が変化する自然のプロセスだと考えられます。また，少し月齢の高い他の赤ん坊がよちよち歩きをするのを見た後，自分の赤ん坊が歩き出すのを見た親が「きっとお兄ちゃんが歩くのを見たから刺激を受けたんだ！」と考えるような場合も，自然に生じるプロセスにおける原因推論の誤りの例として考えられるでしょう。赤ん坊は自然と歩き出すもので，たまたまそのタイミングで他の赤ん坊を見たにすぎません。それでも印象に残る出来事があると，それがその後の出来事を引き起こしたと思いやすいのですね。

　時間の流れに沿って自然に生じるプロセスで変化が生じた場合には，前後論法で考えた（誤った）原因に対抗するような明確な原因が指摘しにくいものです。そのため，推論の誤りに気づきにくいといえるかもしれません。

10.3

　第1にあげられる問題点は，犯罪が生じた原因についての適切な原因帰属を妨げるという点です。報道された内容は私たちが次に類似の事件をみたときの原因帰属に用いられる知識となります。ですから，犯罪や犯人の

特定に関係ない属性（たとえば精神疾患での通院歴）についての報道がされると，類似した事件が起こったときに，「きっと今度も精神疾患を患った人間の仕業だろう」「精神疾患が犯罪を引き起こすのだ」と精神疾患と犯罪を結びつける利用可能性ヒューリスティックが働きやすくなってしまうと考えられます。

　第2に，そのような報道から，本来関係ない要因（精神疾患と犯罪）の間に相関の誤謬がなされ，偏見として強化される可能性が問題としてあげられます。精神疾患の例で考えてみると，偏見を持たれやすい精神疾患として統合失調症がありますが，統合失調症の患者の犯罪率は，精神疾患を持たない人と同程度もしくは低いという統計もあります。したがって，実際には精神疾患と犯罪の関連があるとは言えません。

　しかし，精神疾患と犯罪に関連があると考える人は少なくないようです。私も試しに大学生50名ほどに「統合失調症などの精神疾患を持つ人の犯罪率は，健常な人とくらべてどのくらいか」と予測してもらったことがあります。犯罪率は「ずっと低い（−5点）」から「ずっと高い（5点）」の11段階で評価してもらったところ，平均点は約1.8点でした。−2点（「やや低い」）以下だと考えた人はほとんどおらず，多くの人の回答が「同じ（0点）」から「やや高い（2点）」の間に分布していました。実際にはない相関を誤って認識していることが推測されます。さらに，そのように考える理由を自由に書いてもらったところ，「○○の事件でこうだったから」というように具体的な事件のことを書いた学生がみられ，本人なりに根拠をもって考えているのだということが分かります（ただし，こうした事件を想起するのが「利用可能性ヒューリスティック」が働いたことを示してもいます）。

　このように具体的な根拠を持つ人の場合，「実際にはそのようなデータはないのです。精神疾患が犯罪の原因になるとはいえません」と統計データを示しても，「でもこの間はそういう事件があったじゃないか」「こうい

うニュースをみた」と意見を変えない場合も少なくありません。これは精神疾患に限ったことではなく，たとえば出身地，国籍，趣味などマイノリティや望ましくないと思われやすい属性については同じ事が起こりやすいといえます。「血液型と性格」の例でも分かるように一度形成された相関の錯誤を検討し直すということは難しいのです。ですから，そのような相関の錯誤を強化しないように，報道の在り方を考えることも重要だと言えるでしょう。

第11章 今日は傘が必要か
——リスクの認知と意思決定

　天気予報で「雨の確率は40％です」と言われたらどうしますか？　雨は降るのでしょうか。降らないのでしょうか。降るとして，どのくらいの雨なのでしょう。どしゃぶり？　それほどでもない？　結局，傘は必要になるのでしょうか。私たちは頻繁にこうした「はっきりしない情報」をもとに次の行動を決めています。情報が100％か0％，1か0かで決まるなら判断は容易に思われます。しかし，多くのことはそんなに確実にはわかりません。こうしたあいまいな未来についての情報を判断することは，何か自分が「損失を被るかもしれない」場合にはとくに重要です。けがをしたり財産を失ったり雨でびしょぬれになったりすることは，こうした「損失」の例だといえます。損失（びしょぬれになること）は避けたいですが，そのような事態が生じるかどうかははっきりとはわかりません。はっきりわからないけれども損失を被るかもしれないというときに，その損失の大きさと生じる危険性（確率）を「リスク」とよびます。

　では，私たちはこのような「リスク」をどのようにとらえ，自分の行動を決定しているのでしょうか。本章では，このように，あいまいな情報について人間の認知がどのように働くか，どうやって次の行動を決めているか考えてみましょう。

11.1　確率の判断

11.1.1　確率と感覚のずれ

　リスクは「生じる」「生じない」のようにはっきりと断言されることはなく，確率で表現されます。では「確率」でものごとをとらえるというのはどういうことでしょう。いくつかの研究から，人間はそもそも確率を「文字通りの意味で」理解していない，ということが示されてきました。どういうことか，図11.1の問題をみてみましょう。「リンダ」という女性についての説明がありますね。その後に2つの選択肢がありますが，リンダについてより

可能性が高いのはどちらでしょうか。

> リンダは 31 歳の独身の女性です。彼女は，はっきりとものを言う性格で，とても頭の良い人です。大学では哲学を専攻しました。また，差別や社会問題に深い関心をもっており，原発反対のデモに参加していました。
>
> 次の記述を可能性が高い順に並べてください。
>
> A．リンダは銀行員の窓口係である。
> B．リンダはフェミニズム運動を行っている銀行の窓口係である。

図 11.1　リンダ問題（Tversky & Kahneman, 1982 をもとに筆者が要約して作成）

　これはトヴァスキーとカーネマン（Tversky & Kahneman, 1982）の実験で用いられた題材です。皆さんはどちらのほうがより「可能性が高い」と思いましたか？　ここで議論しているのは可能性ですから，「確率を比較している」ということになります。トヴァスキーとカーネマンは統計学の熟達度の違う人たちに協力を求めましたが，その結果は統計学の熟達度ではさほど異なりませんでした。統計学の素人の 9 割，統計学を勉強した大学院生の 8 割以上が，A より B の可能性が高いと判断したのです。皆さんの答えはどちらだったでしょう。

　これを純粋に確率の問題として考えれば，正解は A になります。図 11.2 をみてください。グレーの範囲は銀行の窓口係の範囲（選択肢 A）を，青の範囲はフェミニスト運動家の範囲を示しています。B の選択肢は両方がちょうど重なる範囲（両方の色が混じった範囲）ですから，銀行の窓口係のほうがより広い範囲を示していて，B の選択肢は A の限定的な範囲を表しているのが分かりますね。条件 A と B を同時に満たす領域というわけですから，狭くなって当然です。こうして図にしてみると気がつくことですが，多くの人が B のほうが「可能性が高い」と考えてしまうのはなぜでしょう。これは，第 10 章で説明した代表性ヒューリスティックの働きだと考えられます。リ

ンダについてのさまざまな情報が示す人物像に対してより「代表性」が高い，つまりそのような人物として典型的だと感じられやすいのはBの選択肢です。ものをはっきり言う人，社会問題に深くかかわっている人のイメージとしては，ただの窓口係より，フェミニストの窓口係のほうが「しっくりくる」というわけです。このように，本来は確率で考えるべき問題であっても，イメージや知識と照らし合わせた判断のほうが素早く，「どっちのほうが『ありがち』か」という直感的判断が優先されるという仕組みになっているのだと考えられます。

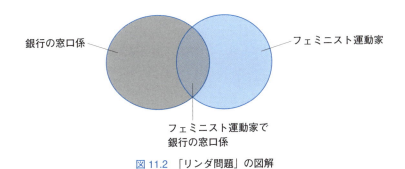

図 11.2 「リンダ問題」の図解

「リンダ問題」は確率の問題ではありますが，「リスク」には関係なさそうです。しかし，形を変えてみれば，これはまさに「リスク」をどのようにみるかという問いにもつながります。図 11.3 の問題をみてください。リンダ問題とまったく同じ構図になっているのが分かりますね。確率としてはAのほうが高くなりますが，Bのほうが「ありそう」な気がします。これはBのほうがより詳細な情報が示されているために，「代表性」が高まるためだと考えられます。このように，確率的な情報を検討する場面において，私たちは情報を統計的にとらえるのではなく，特定のバイアスやヒューリスティックに影響された考え方をする傾向があるようです。

> 次のシナリオのうち，より「可能性が高い」のはどちらだと思いますか。
> A．アメリカとロシアの間で全面的な核戦争が起こる。
> B．アメリカもロシアも互いを核攻撃する意図はなかったが，イラクやリビア，イスラエルまたはパキスタンなどの第三国の行為によって全面的な核戦争に発展する。

図 11.3 **核戦争のリスク**（Plous, 1993 をもとに筆者が翻訳）

11.1.2 事前確率の観点

もう少し複雑な事態を考えてみましょう。図 11.4 をみてください。

> 研究の結果，1万人に1人が罹患する大変珍しい難病を見つける検査方法が確立されました。この検査は病気にかかっている人には 99％の確率で「陽性」という結果を出します。一方，罹患していない人にも誤って「陽性」という結果を出してしまうことが 5％の確率で生じます。
> あなたがこの検査を受け，「陽性」という結果が出たとき，実際にあなたがこの病気にかかっている確率はどのくらいでしょうか。

図 11.4 **本当に病気の可能性はどのくらい？**（Casscells et al., 1978 をもとに筆者が作成）

　自分が難病にかかっているかもしれない，そのリスクはどのくらいあるのでしょう。病気にかかっている人を正しく判定する確率が 99％と聞くと，「陽性」の結果が出たならば，自分が病気にかかっている確率も 99％あるのではないか，と思って心配になりますね。しかし，ここではまず，第9章の演繹的推論のルールを思い出すことが必要です。「病気ならば陽性（Pならば Q）」というとき，「陽性ならば病気（Qならば P）」という逆向きの推論をするのは誤りです。

　では，「陽性」のときに実際に「病気」である確率はどのくらいになるでしょうか。このときリスクを正しく見積もるには，「そもそもどのくらいの確率で生じる被害（病気）か」そして「誤って陽性と判断する可能性はどのくらいなのか」という2つの見落としがちな確率を検討することです。

　この問題では，そもそも病気にかかる確率が非常に小さく（0.0001），か

からない確率が高い（0.9999）ことに注目しなくてはなりません。病気にかかっていた場合に「陽性」となる確率は99%で，かかっていない場合も「陽性」と誤って判定される確率が5%あります。陽性の結果が出た場合には，全体（実際に病気にかかっている場合とかかっていない場合の和）のうち，実際に病気にかかっている確率がどれほどになるかを求める必要があります。これは次のような式で計算ができます。

陽性のときに病気の確率＝

$$\frac{\text{病気にかかっていて陽性の確率}}{\text{病気にかかっていて陽性の確率}+\text{病気にかかっていないが陽性の確率}}$$

$$= \frac{0.0001 \times 0.99}{0.0001 \times 0.99 + 0.9999 \times 0.05} = 約\ 0.002$$

こうして計算してみると，「陽性」であるという結果が出たとしても，あなたが実際にその病気にかかっている可能性は大変低い（0.2%）ということが分かります。検査結果が出ただけであわてて心配する必要はあまりなさそうです。これは直感的にはなかなか納得しにくい結果のように思えるかもしれません。私たちはそもそもの確率（**基準率**）や間違って判定する確率（偽陽性）を考えに入れた判断を直感的にはしにくいのです。もちろん，0.2%とはいえ，そもそもその病気にかかる確率の20倍ですから，検査結果をもとに，この珍しい病気にかかるリスクの見積もりを20倍にするというのは正しい判断だといえるでしょう。しかし「検査で陽性だったから難病であることが決定的だ！」と決めつけるのは正しい意思決定とはいえませんね。

11.2　リスクを見積もる

11.2.1　日常生活の中のリスク

　上であげたように，私たちは確率的な情報をうまく扱えないことがあるようですが，そもそもはっきりした確率として情報が得られる場合ばかりではありません。したがって，私たちが日常生活の中にある「**リスク**」をどのよ

うに見積もっているかを考えてみる必要があります。

スロヴィックたち（Slovic et al., 1982）は，さまざまな死因についてそのリスクをどのように推測するかについての研究をまとめています。人が死ぬ原因はさまざまにありますが，それらはそれぞれどのくらい「可能性がある」，すなわち，リスクが高いと考えられているのでしょうか。図 11.5 をみてください。スロヴィックたちの研究では，41 の死因を取り上げ，「年間何人くらいがこの死因で亡くなっていると思いますか？」と実験参加者に尋ねています。その回答は縦軸で示されています。一方，実際にどのくらいの人数が亡くなったかは横軸で示しています。実験参加者が正しくリスクを推論できるとき，実際の死者数と推測した人数が近い値になるはずです。実際に年間 1 万人が亡くなっていれば推測した人数も 1 万人に近い，というように。ですから，人間がさまざまな死因のリスクについて正しく推論できるのであれば，結果は図 11.5 の斜めの直線に近い位置にプロットされるはずです。

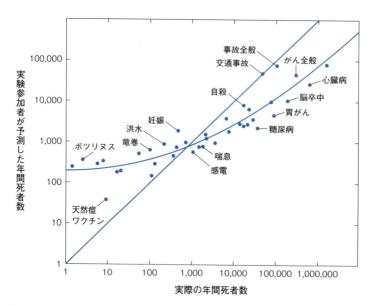

図 11.5　実際の死者数と推測された死者数（Slovic et al., 1982をもとに作成）
対数グラフのため軸の幅が表す人数は異なっている。

11.2 リスクを見積もる

　しかし，実際の実験参加者の回答には，予測された斜めの直線からずいぶん離れている値も散見されます。ずれが大きいものとしては，まず，天然痘ワクチン・ボツリヌス中毒症・竜巻など，直線の左側にあるものがあります。これらは，「推測しているより実際にはずっと死者数が少ない」死因です。誤ってリスクを高く評価しているものですね。一方，糖尿病や胃がん，心臓病などは直線の右側に位置しています。これらは，「推測しているより死者数が多い」死因で，誤ってリスクを低くしているものです。グラフの全体的傾向からは，頻度がより低い死因のほうが「誤ってリスクを高く」認識しやすく，逆に死者数が多いものについては「誤ってリスクを低く」認識しやすいことが分かります。ここから，私たちは，相対的にまれな死因のリスクを過大視し，相対的により頻度の高い死因のリスクを過小視するという傾向を持っているといえそうです。

　このようなリスク認知のバイアスがみられるのは，第 10 章で取り上げた利用可能性ヒューリスティックが関連しているためだと考えられます。利用可能性ヒューリスティックとは，自分の記憶の中でより容易にアクセスできる情報を優先的に用いて判断するというヒューリスティックでした。すぐ思いついた情報ほど重視するというわけです。

　ボツリヌス中毒症や竜巻など「珍しくショッキングな」死はより一般的な死よりも頻繁にマスメディアで報じられます（スロヴィックたちは実際の報道を調べて珍しくショッキングな死因が頻繁に取り上げられる一方で，頻度の高い死因については非常にまれにしか取り上げられないことを確かめています）。また，個人の経験としても印象深い出来事として記憶されやすいといえます。そのため，それらの原因で亡くなった事例を私たちは容易に思い出すことができ，こうした死因が実際以上に多く見積もられやすいのです。一方，がんや糖尿病といった病気はありふれており，亡くなった事例が印象に残らなかったり，そうした病気を生き延びた人を思い出したりすることもできます。そのため利用可能な情報が少なく，実際よりだいぶ少なく見積もってしまうのだと思われます。

このように，リスクの認知が情報の利用可能性によってゆがめられてしまうと，その後の意思決定にも影響があります。誤ってリスクを低く見積もることの弊害はイメージしやすいでしょう。糖尿病のリスクを甘くみて生活習慣の改善を怠る患者さんもいるかもしれません。一方，リスクを高く見積もる分には問題が少ないように思われますが，たとえばワクチンのリスクを高く見積もりすぎると，「ワクチンで死んでしまっては元も子もないから予防接種はやめよう」というような（誤った）判断につながることもあります。

11.2.2 当事者がリスクを判断するときの難しさ

次に，もっと「差し迫った危機にある事態」を考えてみましょう。たとえば命が脅かされるような大きなリスクが目前に迫ったときはどうでしょう。登山中にいきなり火山爆発が起こったら。海水浴中に大地震が起こったら。災害は避けようがありませんが，その避けようがない事態の中でどのような行動をとるかは，いくつかある選択肢のリスクを検討して意思決定を行うプロセスだといえます。あまり日常的ではありませんが，人命のような大きな損害を避ける重要な場面で，危険や損害の程度とその確率をうまく見積もることができるでしょうか。

災害時には「落ち着いて」とか「パニックを起こさずに」という点が強調されるように思います。確かに，人が大きな危険の中にあるとその重大性を認識して（むしろ強く認識しすぎて）パニックになるというのはいかにもありそうな事態です。災害などの大きな危険が迫っているときの心理状態について，「みんな大パニックになる」と思われているようです。

しかし，多くの事例から，パニックは実際には起こりにくく，危険を前に迅速に行動する人が驚くほど少なく，むしろ「落ち着きすぎている」「悠長すぎる」反応をとりがちなことが分かっています。「災害自体よりもパニックが危険だ」というように過剰にパニックを恐れる認識（「パニック神話」）は誤りだといえるでしょう（広瀬，2004）。

では，なぜ大きな危険が迫っているのに慌てて行動しようとしないのでし

ょうか。これは，私たちが危険に対してある程度鈍感であるようにできているためだといわれています。確かに，ちょっとした異常にいちいち過剰に反応していたら身が持ちません。私たちの認知システムは過剰反応を抑える方向で適応してきたと考えられます。そのため，ほとんどの人が「大変なことはそうそう起こらない」という先入観をもとに意思決定を行うことになります。つまり，「大変なこと」が目の前に現れていても，「大変なことは起こるはずがない」とそのリスク判断を打ち消すような仕組みを持っているのです。このような「大変なことを認めない傾向」を指して「**正常性バイアス**」といいます（広瀬，2004）。

　正常性バイアスの存在は，客観的には明白にみえるリスクであっても，当事者がそれを正しく見積もるのは簡単だとは限らない，ということを示しています。

　このようなバイアスは「一度それが間違っていたことを経験すればなくなるのではないか」と考える人もいるでしょう。しかし，経験が適切なリスク推定を助ける場合とむしろ妨げとなる場合の両方があることに留意する必要があります。

　経験が適切なリスクの推定を助けるということは比較的理解しやすいでしょう。過去に水害に遭った経験がある人は，似たような災害において「あのときと似ているから用心しなければ」とリスクを早く認識できる可能性があります。一方で，過去に似たような災害に遭っても「とくに危険な思いをしなかった」あるいは「大騒ぎするほどではなかった」というような経験をしていたらどうでしょう。人は良くも悪くも過去の経験をもとに未来を予測しています。命の危険にさらされるような経験をする人はそれほど多くありませんから，何か災害があっても「自分には危険が及ばなかった」という経験をする人のほうが多いはずです。そのため，過去の経験に照らしてリスクを不当に低く見積もりやすくなってしまうと考えられます。

　リスクの見積もりは，自分の経験だけでなく事前に与えられた情報にも影響を受けることが知られています。たとえば，2011年の東日本大震災では

津波の高さに関する情報が数多く報道されました。「20mの津波が……」「津波の高さは15m」といった情報に接したことで，多くの人の「危険な津波」の高さの認識が影響されたことが報告されています（Oki & Nakabayashi, 2012）。図11.6をみてください。2011年の震災前後に，危険だと考える津波の高さを選択してもらったところ，震災前より震災後のほうが小さな津波を「危険」だと考える人が減り，より大きな津波でないと「危険」と判断しなくなっていることが分かります。これは，震災によって大きな津波の情報にふれたことによる影響だと考えられます。このように，事前に知らされた数字によって私たちの見積もりは容易に影響を受けます。このことを「アンカリング効果」とよびます（Tversky & Kahneman, 1974）。事前情報に「つなぎとめられる」ということですね。

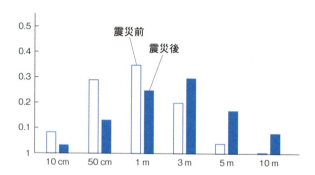

図11.6 **危険だと考える津波の高さ**（Oki & Nakabayashi, 2012をもとに筆者が作成）

　上にあげた津波の例でいえば，「危険な津波の高さ」が事前の報道などから得た情報によって高い水準につなぎとめられてしまう，アンカリング効果が生じていると考えられます。「危険な津波の高さ」が高く認識されると，「予想される津波の高さは50cm」というような情報を耳にしたときに「大したことはないな」「大きな被害にはならないだろう」とリスクを（不当に）低く見積もることになりかねません。このように考えると，経験だけでなく，事前の情報があることがかえって私たちのリスクの推定を惑わしていること

もあるといえそうです。

11.2.3　そのリスクはどのくらい重要か

次に，あるリスクが示されたとして，それがどのくらい「痛い」と感じるかはまた別問題だということをお話したいと思います。確率や損害の大きさとしては同じであっても，それが意思決定のプロセスに反映されるときに違いが生じるのです。今度は金銭的な損害を被るというリスクを例に取り上げてみましょう。これもカーネマンとトヴァスキーの研究ですが（Kahneman & Tversky, 1979），自分が得をする場面と損をする場面ではリスクの考え方が異なることが分かっています。「得をする場面でのリスク」というのが分かりにくいかもしれませんが，図 11.7 のような場面を想像してみてください。

---

1 万円をもらった後，次のどちらかを選ばなくてはならないとしたら，どちらを選びますか？

A．50％の確率でもう 1 万円もらう。
B．確実に 5 千円もらう。

図 11.7　**得をする場面でのリスク**（Kahneman & Tversky, 1979 をもとに筆者が作成）

いずれにしてももともとのお金が増えるわけですから，私たちはこれを「得をする場面」だと受けとります。A を選んだ場合，50％の確率で所持金は 2 万円になりますが，50％の確率で所持金が増えず 1 万円のままです。一方，B を選ぶと所持金は 100％の確率で 1 万 5,000 円になります。両者を比べると，A のほうがより「リスクが高い」と言えるでしょう。さて，あなたはどちらの選択肢を選びますか？

カーネマンたちの研究では実験参加者の 84％が B の選択肢を選んでいます。つまり，リスクが大きい（1 円も増えない可能性がある）ほうではなく，リスクが小さい選択肢を選びやすいということになります。これを「**リスク**

回避行動」とよんでいます。

では、損をする場面（図 11.8）ではどうでしょうか。

> 2万円をもらった後、次のどちらかを選ばなくてはならないとしたら、どちらを選びますか？
>
> A．50％の確率で1万円を失う。
> B．確実に5千円を失う。

図 11.8　損をする場面でのリスク（Kahneman & Tversky, 1979 をもとに筆者が作成）

　こちらは初めにもらったお金を「失う」という場面です。私たちはこれを「損をする場面」だと受けとります。この場合、Aを選ぶと50％の確率で所持金は2万円のままですが、50％の確率で1万円になります。Bを選ぶと所持金は1万5,000円になり、今度もAのほうがリスクが高い場面といえます。さて、皆さんはどちらを選んだでしょう。

　カーネマンとトヴァスキーの研究では、このような「損をする場面」では約70％の人がAを選びました。よりリスクの高いほうを選ぶ「リスク選好行動」をとるのです。

　当たり前のように思われるかもしれませんが、ここで興味深いのは、図11.7の「得をする場面」の2つの選択肢と、図11.8の「損をする場面」の2つの選択肢で、結果がまったく同じになることです。どちらもAを選べば1万円もしくは2万円、Bを選べば必ず1万5,000円です。結果として生じる事態が同じなのに、リスク選好行動をとるか、リスク回避行動をとるか、人間の行動がまったく異なるというわけです。これは、目の前の事態をどのようにとらえるか（「得をする場面」か「損をする場面」か）、という枠組み（フレーム）によって、リスクの判断が異なることになります。人は得をする場面ではリスクを回避しようとし、損をする場面ではリスクをとろうするようです。このような状況をとらえる枠組みによってリスクに関する判断が異なることを「フレーミング効果」とよんでいます。

カーネマンたちは人間の意思決定プロセスを「**プロスペクト理論**」としてまとめていますが、その理論では、上にあげたようなフレーミング効果がみられるのは、「得られるものと失うものではその重みが異なるため」であると説明しています。同じ損失（5,000円）であっても、それを「失う」ときのほうが「得る」ときよりもより重みがあると認識されるということです。

また、「50％」と「確実に（100％）」といった確率の情報がそのまま受け止められていないこともプロスペクト理論では指摘されています。「得をする場合」と「損をする場合」で少し異なりますが、いずれの場合も、人間は低い確率を実際より可能性のあるものとして重みづけする一方で、中程度の確率については実際より低く重みづけ、1に近い非常に高い確率から急激にその重みづけを高くしています。ここから、「50％」という確率は低く重みづけられており、「確実に」という場合との差が実際より大きく見積もられていると考えられるのです。そのため、30％の確率と60％の確率の差はあまり大きく感じられない一方で、60％の確率と90％の確率の差が非常に大きく感じられるというような不均衡が生じます。

11.3 人間の2つのシステム

こうした研究をもとに、カーネマン（Kahneman, 2011）は、人間の認知プロセスを2つに分けて説明しています。まず優先的に働いているのは「システム1」とカーネマンがよんでいる素早く直感的なシステムです。システム1は努力しないでも常に自然と動いているシステムで、本書に登場したさまざまなヒューリスティックや直感はこのシステム1が生み出す結果です。これに対して、図11.2 のような図を描いてみたり、直感に反して基準率を考慮するような、じっくり時間をかけて考える認知プロセスは「システム2」とよばれています。システム2はシステム1と違っていつも働いているわけではありません。本章のさまざまな問題で確かめられるように、多くの場合システム1が出した結果がそのまま私たちの「判断」「意思」として採用さ

れています。それが間違いだと分かった場合や，システム1による直感的判断だけではうまく結果が出せないというときに，はじめてシステム2が登場してくるという仕組みになっていると考えられます。

　システム2を働かせるためには，意識的な努力が必要なので，たとえば疲れているときやいい気分になっているとき，他の仕事や感情にとらわれているときは，システム2を働かせにくくなります。反対に「難しいな」「よく分からないぞ」と立ち止まるとき，システム2が働くようになります。どのような問題に対してもじっくり考えるわけにはいきませんし，それは効率が悪すぎます（たいていの場合システム1の結果で十分だからです）が，大きなリスクにかかわる重要な判断をするときには，意識的にシステム2を働かせる必要があるようです。疲れているときやいい気分になっているときには重要な判断を避けること，直感を疑うことも時には必要だといえるでしょう。

11.4　まとめ

　未来にどんなことが起こるか，とくに危険や損失に関しての情報を適切に判断したいと私たちは考えています。しかし，意思決定の研究から，私たちの認知プロセスは確率やあいまいな情報を（自分たちが思っているより）直感的に処理しており，それが時に誤りにつながっていることが分かりました。確率的な情報をじっくり検討するのではなく，出来事や人物像の代表性や記憶している情報の利用可能性，直近の数値に基づいたヒューリスティックが用いられやすいことは，そのような人間の認知の特徴の一つです。また，「得をする」「損をする」のような状況のとらえ方によって，判断が左右されたり，危機的な場面で鈍感になってしまうなど，人間の認知が誤った方向にゆがめられやすいことを認知的バイアスとよびます。こうした人間の認知の傾向を，カーネマンは素早く直感的な「システム1」と遅く分析的な「システム2」と分けてよんでいます。システム1は普段ものごとを効率的に手早く片づけるのには大変役立ちますが，肝心なところでリスクを見誤ったり，

誤った判断をしがちです。適切な意思決定は，システム 2 を働かせるべき場面を認識できるかどうかにかかっているといえるでしょう。

Q 11.1

まず，図 11.9 の問題をみてください。問題 1 と 2 をそれぞれ 100 人の実験参加者に答えてもらった場合，それぞれの選択肢を選ぶ人はどのくらいいるでしょうか。予想してください。また，なぜそのように予想できるか説明してください。

【問題 1 】
特殊な伝染病の爆発的流行の兆しが見られるため，これに備えなくてはなりません。この伝染病が流行すると，600 人が死亡すると予想されています。現在，2 つの対策が提案されていて，それぞれの効果は次のとおりです。あなたなら A と B のどちらの対策を選びますか。

対策 A：200 人が助かる。
対策 B：3 分の 1 の確率で 600 人が助かるが，3 分の 2 の確率で誰も助からない。

【問題 2 】
状況は問題 1 と同じです。新たに対策 C と D が提案されたとすると，あなたは C と D のどちらの対策を選びますか。

対策 C：400 人が死ぬ。
対策 D：3 分の 1 の確率で誰も死なず，3 分の 2 の確率で 600 人が死ぬ。

図 11.9　**疾病問題**（Tversky & Kahneman, 1981 をもとに筆者が作成）

---

memo

11.2

近年裁判員制度による裁判が導入されています。あなたが裁判員として殺人事件の裁判を担当しているとしましょう。事件の目撃者は，特定の「非常に珍しい外車」が逃げていくのを見た，と証言しており，これが決定的な証拠としてあげられています。このとき，目撃証言が事実であると判断してよいでしょうか。判断するためにはどのような情報を検討する必要がありますか？

memo

Q 11.3

「飛行機は危ない」と極力避ける一方で，車の運転が大好きで大抵のところには車で出かけていくという友人がいます。彼はリスクを適切に見積もることができているか，失敗しているとしたらなぜそうなってしまうのか説明してください。

memo

A11.1

　これは、トヴァスキーとカーネマン（Tversky & Kahneman, 1981）が実際に実験で使った問題です。対策Aと対策C、対策Bと対策Dがまったく同じ意味であるということに気がつきましたか？　600人のうち200人が助かるということは400人が死ぬということですし、600人が助かることと誰も死なないこと、誰も助からないことと600人が死ぬことはそれぞれ同じことをいっていますね。ですから、どちらの問題でも両選択肢はそれぞれ同程度の人数に支持されると推定されます。

　にもかかわらず、実際にこの問題を実験参加者に出題して選択肢を選んでもらうと、その選択には大きな偏りがみられました。トヴァスキーとカーネマンの実験では問題1では約7割の実験参加者が対策Aを選び、問題2では約8割の参加者が対策Dを選択しました。

　このように、数値としてはまったく同じであるにもかかわらず、意思決定に大きな違いが生まれるのは、図11.7「得をする場面」と図11.8「損をする場面」を例に説明した「フレーミング効果」のためだと考えられます。人は「得をする場面」ではリスク回避的に、「損をする場面」ではリスク志向的になります。「助かる」というのは「得をする場面」ですから、人はよりリスクを避けたほどほどの結果が得られそうな選択肢をより望ましいと考え、選択肢A「200人が助かる」を選びやすくなります。一方、「死ぬ」というのは「損をする場面」ということになります。この場面では多くの人がリスク志向的になり「一か八か」の選択をしやすくなります。そのため、選択肢Dの「3分の1の確率で損失がゼロになる」ほうをより望ましく感じるのだと考えられます。

A11.2

　第3章では目撃証言が正確でなくなるいくつかの要因を記憶の特性から

取り上げましたが，ここでは確率の問題として考えてみましょう。

この問題は，図 11.4 で示した「陽性の場合に実際に病気である確率」を考える問題の類題として位置づけられます。こちらもカーネマンとトヴァスキーが実際に実験で用いた「タクシー問題」（Kahneman & Tversky, 1972）を参考に作成したものです。図 11.4 の問題で考える必要があったのは「基準率」つまりそもそもその出来事が発生するのはどのくらいの確率か，ということでした。これにならうと，この問題でも「そもそもその『珍しい外車』がどのくらい珍しいか」という情報が必要になります。珍しいとはいっても街を歩けばしばしばみかけるという程度なのか，それともめったにみないものなのかによってこの証言が実際の出来事と合致している可能性は変わってきます。もう一つ重要な要素は，「偽陽性」でした。この状況では，目撃者がどのくらい正しく（あるいは誤って）判断できるかに関する情報が必要です。この状況では，基準率より，目撃者の目撃の正確性に目が向きやすいかもしれません。

では，ためしに，目撃された車の珍しさは「100 台に 1 台」，目撃者は「その車が通過した場合に 90％の確率で正しく判断できる」一方で，「違う車が通過した場合に 10％の確率で当該の外車だと誤って判断してしまう」という状況だと仮定します。この目撃者が「珍しい外車を見た」と言った場合に実際に目撃された車がこの「珍しい外車」である可能性を計算してみましょう。

実際にその車が目撃された確率＝

$$\frac{実際にその車を目撃して正しく判別した確率}{実際にその車を目撃して正しく判別する確率＋実際には違う車を見て誤って判別する確率}$$

$$=\frac{0.01\times 0.90}{0.01\times 0.90 + 0.99\times 0.10}＝約\ 0.08$$

基準率を考慮すると，実際に目撃者が，その「珍しい外車」が走り去るのを見た可能性は 10% にも満たないことが分かります。目撃者が非常に信頼のおける人であったとしても，その目撃証言が正しい可能性は低いといわざるをえません。

もちろん実際の裁判では他の証拠も検討されるはずですが，どんなに有力に思われる証拠であっても，自分がシステム 2 を使って検討しているかを意識する必要があるといえるでしょう。とくに，事件が強い感情（嫌悪や怒り）を引き起こすものである場合，私たちはその感情にとらわれてしまって，システム 2 をうまく働かせにくくなりがちです。裁判のような重要な場面では，自分の感情や直感的反応を意識して意思決定を行うよう心がけなくてはいけませんね。

A 11.3

どう考えても彼の判断は合理的だとはいえなさそうです。交通安全白書（平成 26 年度）によると，飛行機事故件数は年間 20 件未満だということです。一方，自動車事故件数を調べると，2004 年のおよそ 95 万件をピークとして徐々に減少してはいるものの，2016 年も 57 万件ほど事故があったことが分かります。このデータをみると，事故が減少しているとはいえ，怖がるべきは自動車事故であるように思われます。死亡者数の観点からみても，旅客機ではほとんど死亡事故が起こっておらず，個人所有などの小型飛行機での事故の死亡者がわずかにみられるのみです。一方，自動車事故は毎年数十万人の死亡者が発生しています。死亡者数という観点からも飛行機より自動車のほうが「危ない」ように思えます。

それにもかかわらず，彼が「飛行機は危ない」と考えるのはなぜでしょうか。第 1 に考えられるのが，「利用可能性ヒューリスティック」の影響です。飛行機の事故と聞いたときに，私たちは容易に大惨事となった事故をいくつも思い浮かべることができます。映画などで描かれる飛行機の事

故も大抵大勢が亡くなるような悲惨な事故が想定されています。一方自動車事故については，一度に大勢が亡くなるような事故はあまり想起されません。このような想起できる情報の違いによって，飛行機は怖い，という印象が強められているのだと考えられます。

　また，スロヴィック（Slovic, 1987）はリスクの「恐ろしさ」をいくつかの観点から表現していますが，その中で「統制感」をあげています。統制感とは，自分でコントロールできるかどうかに関する感覚のことです。統制感が高い，つまり「自分でコントロールできる」と感じる場合より「自分ではコントロールできない」と感じるときに人は「恐ろしい」と感じるようです。そして，恐ろしさが感じられるときにリスクが高く見積もられる傾向があります（Slovic, 1987）。ここから，自分でハンドルを握って操作する車に比べて，パイロットに任せるしかない飛行機のほうが統制感が低く，恐ろしさを感じやすいことが推測できます。恐ろしいもののリスクを高く見積もるため，「飛行機は危ない」と考えやすいのでしょう。

　スロヴィック（1987）は恐ろしさと同時に「未知性」もリスクの見積りを高める要因として指摘しています。よく分からないものはより危なく感じるというわけです。ここからは，私たちが身近なもののリスクを低く見積もりやすいということが分かります。たとえばアルコールやタバコなどは実際よりそのリスクを低く見積もっているかもしれません。

　このように，私たちのリスクを見積もるには，認知的なヒューリスティックの働きと同時に，その出来事がどのような性質のものだと認知するか，ということも影響しているのです。

引用文献

はじめに
Newell, A., & Simon, A. H.（1972）. *Human problem solving*. Englewood Cliffs, NJ：Prentice-Hall.

第1章
Atkinson, R. C., & Shiffrin, R. M.（1968）. Human memory：A proposed system and its control processes. In K. W. Spence, & J. T. Spence（Eds.）, *The psychology of learning and motivation*（Volume 2）（pp.89–195）. New York：Academic Press.

Atkinson, R. C., & Shiffrin, R. M.（1971）. The control of short-term memory. *Scientific American*, **225**, 82–90.

Baddeley, A. D., & Logie, R. H.（1999）. Working memory：The multiple component model. In A. Miyake, & P. Shah（Eds.）, *Models of working memory : Mechanisms of active maintenance and executive control*（pp.28–61）. New York：Cambridge University Press.

Craik, F. I. M., & Lockhart, R. S.（1972）. Levels of processing：A framework for memory research. *Journal of Verbal Learning and Verbal Behavior*, **11**, 671–684.

Ebbinghaus, H.（1885）. *Über das Gedächtnis Untersuchungen zur Experimentellen Psychologie*. Leipzig：Dunker & Humbolt.（H. A. Ruger, & C. E. Bussenius（Trans）（1913）. *Memory : A contribution to experimental psychology*. NY：Teachers College Press.）

Glanzer, M., & Cunitz, A. R.（1966）. Two storage mechanisms in free recall. *Journal of Verbal Learning and Verbal Behavior*, **5**, 351–360.

Peterson, L. R., & Peterson, M. J.（1959）. Short-term retention of individual verbal items. *Journal of Experimental Psychology*, **58**, 193–198.

齊藤　智（2000）. 作動記憶　太田信夫・多鹿秀継（編著）記憶研究の最前線（pp.15–40）北大路書房

Snyder, B.（2001）. *Music and memory : An introduction*. MIT Press.
（スナイダー，B.　須藤貢明・杵鞭広美（訳）（2003）. 音楽と記憶――認知心理学と情報理論からのアプローチ――　音楽之友社）

Tulving, E., & Thomson, D. M.（1973）. Encoding specificity and retrieval processes in episodic memory. *Psychological Review*, **80**, 352–373.

第2章
Collins, A. M., & Loftus, E. F.（1975）. A spreading activation theory of semantic processing. *Psychological Review*, **82**, 407–428.

Collins, A. M., & Quillian, M. R.（1969）. Retrieval time from semantic memory. *Journal of Verbal Learning and Verbal Behavior*, **8**, 240–247.

河原哲雄 (2002). 概念　日本認知科学会 (編) 認知科学辞典 (p.111-112)　共立出版

Kosslyn, S. M., Ball, T. M., & Reiser, B. J. (1978). Visual images preserve metric spatial information : Evidence from studies of image scanning. *Journal of Experimental Psychology : Human Perception and Performance*, **4**, 47-60.

子安増生 (1996). 認知の発達　大村彰道 (編) 教育心理学 I ──発達と学習指導の心理学──(pp.1-18)　東京大学出版会

Meyer, D. E., & Schvaneveldt, R. W. (1971). Facilitation in recognitizing pairs of words : Evidence of a dependence between retrieval operations. *Journal of Experimental Psychology*, **90**, 227-234.

Murphy, G., L., & Medin, D. L. (1985). The role of theories in conceptual coherence. *Psychological Review*, **92**, 289-316.

Pavio, A. (1986). *Mental representations : A dual coding approach*. Oxford University Press.

Roediger, H. L. III, & McDermott, K. B. (1995). Creating false memories : Remembering words not presented in lists. *Journal of Experimental Psychology : Learning, Memory, and Cognition*, **21**, 803-814.

Shepard, R. N., & Metzler, J. (1971). Mental rotation of three-dimensional objects. *Science*, **171**, 701-703.

Smith, E. E., Schoben, E. J., & Rips, L. J. (1974). Structure and process in semantic memory : A featural model for semantic decisions. *Psychological Review*, **81**, 214-241.

Tulving, E. (1972). Episodic and semantic memory. In E. Tulving, & W. Donaldson (Eds.), *Organization of memory* (pp.381-403). New York : Academic Press.

第 3 章

Bartlett, F. C. (1932). *Remembering*. Cambridge University Press.
　(バートレット, F. C.　宇津木　保・辻　正三 (訳) (1983). 想起の心理学──実験的社会的心理学における一研究──　誠信書房)

Bower, G. H. (1981). Mood and memory. *American Psychologist*, **36**, 129-148.

Bower, G. H. (1991). Mood congruity of social judgments. In J. P. Forgas (Ed.), *Emotion and social judgments* (pp.31-53). Oxford : Pergamon Press.

Brewer, W. F., & Treyens, J. C. (1981). Role of schemata in memory for places. *Cognitive Psychology*, **13**, 207-230.

Buckhout, R. (1974). Eye witness testimony. *Scientific American*, **231**, 23-31.

Forgus, J. P. (1995). Mood and judgement : The affect infusion model (AIM). *Psychological Bulletin*, **117**, 39-66.

Heuer, F., & Reisberg, D. (1990). Vivid memories of emotional events : The accuracy of remembered minutiae. *Memory and Cognition*, **18**, 495-506.

Loftus, E., & Ketchem, K. (1994). *The myth of repressed memory*. New York : St Martin's Press.

Loftus, E. F., Loftus, G. R., & Messo, J. (1987). Some facts about "weapon focus." *Law and*

Human Behavior, **11**, 55-62.

Loftus, E. F., & Palmer, J. C. (1974). Reconstruction of automobile destruction: An example of the interaction between language and memory. *Journal of Verbal Learning and Verbal Behavior*, **13**, 585-589.

Nickerson, R. S., & Adams, M. J. (1979). Long-term memory for a common object. *Cognitive Psychology*, **11**, 287-307.

谷口髙士 (1997). 学習・記憶と感情　海保博之 (編)「温かい認知」の心理学――認知と感情の融接現象の不思議――(pp.53-75)　金子書房

第4章

Berlin, B., & Kay, P. (1969). *Basic color terms: Their universality and evolution*. University of California Press.

Carey, S. (1978). The child as word learner. In M. Halle, J. Bresnan, & G. A. Miller (Eds.), *Linguistic theory and psychological reality*. Cambridge, MA: MIT Press.

Eimas, P. D., Siqueland, E. R., Jusczyk, P., & Vigorito, J. (1971). Speech perception in infants. *Science*, **171**, 303-306.

Jacobson, R. (1960). Closing statement: Linguistics and poetics. In T. A. Sebeok (Ed.), *Language in style*. MIT Press.

Kay, P., & Kempton, W. (1984). What is the Sapir-Whorf hypothesis? *American Anthropologist*, **86**, 65-79.

Kuhl, P. K. (2011). Early language learning and literacy: Neuroscience implication for education. *Mind, Brain, and Education*, **5** (3), 128-142.

Markman, E. M. (1989). *Categorization and naming in children: Problems of induction*. Cambridge, MA: MIT Press.

Rosch, E. (1974). Linguistic relativity. In A. Silverstein (Ed.), *Human communication: Theoretical perspectives* (pp.254-279). New York: Halsted Press.

Rosch, E., Mervis, C. B., Gray, W. D., Johnson, D. M., & Boyes-Braem, P. (1976). Basic objects in natural categories. *Cognitive Psychology*, **8**, 382-439.

Saffran, J. R., Aslin, R. N., & Newport, E. L. (1996). Statistical learning by 8-month-old infants. *Science*, **274**, 1926-1928.

Snow, C. E., & Hoefnagel-Hohle, M. (1978). The critical period for language acquisition: Evidence from second language learning. *Child Development*, **49**, 1114-1128.

鈴木孝夫 (1990). 日本語と外国語　岩波書店

Vygotsky, L. S. (1962). *Thought and language* (English edition). MIT Press (2012年 Kozulin, A. による新訳版)

Whorf, B. L. (1956). In J. Carroll (Ed.), *Language, thought, and reality: Selected writings of Benjamin Lee Whorf*. Cambridge, MA: MIT Press.

第5章

Bransford, J. D., & Johnson, M. K. (1972). Contextual prerequisites for understanding : Some investigations of comprehension and recall. *Journal of Verbal Learning and Verbal Behavior*, **11** (6), 717-726.

Cain, K., Oakhill, J., & Bryant, P. (2004). Children's reading comprehension ability : Concurrent prediction by working memory, verbal ability, and component skills. *Journal of Educational Psychology*, **96**, 31-42.

Daneman, M., & Carpenter, P. A. (1983). Individual differences in integrating information between and within sentences. *Journal of Experimental Psychology : Learning, Memory, and Cognition*, **9**, 561-584.

犬塚美輪 (2002). 説明文読解方略の構造 教育心理学研究, **50**, 152-162.

犬塚美輪 (2009). メタ記憶と教育 清水寛之 (編著) メタ記憶──記憶のモニタリングとコントロール── (pp.153-172) 北大路書房

犬塚美輪 (2013). 読解方略の指導 教育心理学年報, **52**, 162-172.

Kintsch, W. (1998). *Comprehension : A paradigm for cognition*. New York : Cambridge University Press.

岸 学 (2004). 説明文理解の心理学 北大路書房

McClelland, J. L., & Rumelhart, D. E. (1981). An interactive activation model of context effects in letter perception: Part1. An account of basic findings. *Psychological Review*, **88**, 375-407.

McNamara, D. S., & Kintsch, W. (1996). Learning from texts : Effects of prior knowledge and text coherence. *Discourse Processes*, **22**, 247-288.

苧阪満里子・苧阪直行 (1994). 読みとワーキングメモリ容量 心理学研究, **65**, 339-345.

Stanovich, K. E. (1999). *Progress in understanding reading*. New York : The Guilford Press.

高橋 登 (1996). 学童期の子どもの読み能力の規定要因について──componential approach による分析的研究──心理学研究, **67**, 186-194.

第6章

Duncker, K. (1945). On problem-solving. *Psychological Monographs*, **58**, 1-113.

Kaplan, C. A., & Simon, H. A. (1990). In search of insight. *Cognitive Psychology*, **22**, 374-419.

Luchins, A. S. (1942). Mechanization problem solving : The effect of Einstellung. *Psychological Monographs*, **54**.

Newell, A., & Simon, A. H. (1972). *Human problem solving*. Englewood Cliffs, NJ : Prentice-Hall.

Simon, D. P., & Simon, H. A. (1978). Individual differences in solving physics problems. In R. S. Siegler (Ed.), *Children's thinking : What develops?* (pp.325-348). Hillsdale, NJ : Lawrence Erlbaum Associates.

鈴木宏昭・宮崎美智子・開 一夫 (2005). 制約論から見た洞察問題解決における個人差

心理学研究, **74**(4), 336-345.

寺井仁志・三輪和久・古賀一男 (2005). 仮説空間とデータ空間の探索から見た洞察問題解決過程　認知科学, **12**, 74-88.

Wallas, G. (1926). *The art of thought*. Harcourt Brace.

第7章

Chen, Z., Yanowitz, K. L., & Daehler, M. W. (1995). Constraints on accessing abstract source information : Instantiation of principles facilitates children's analogical transfer. *Journal of Educational Psychology*, **87**, 445-454.

Duncker, K. (1945). On problem-solving. *Psychological Monographs*, **58**, 1-113.

Gentner, D. (1983). Structure-mapping. A theoretical framework for analogy. *Cognitive Science*, **7**, 155-170.

Gick, M., & Holyoak, K. J. (1980). Analogical problem solving. *Cognitive Psychology*, **12**, 306-355.

Holyoak, K., & Thagard, P. (1995). *Mental leaps : Analogy in creative thought*. Cambridge, MA : MIT Press.
　　(ホリオーク, K. J.・サガード, P.　鈴木宏昭・河原哲雄 (監訳) (1998). アナロジーの力──認知科学の新しい探求──　新曜社)

Lakoff, G., & Johnson, M. (1980). *Metaphors we live by*. The University of Chicago Press.

鈴木宏昭 (1996). 類似と思考　共立出版

鈴木宏昭 (2016). 教養としての認知科学　東京大学出版会

第8章

Asch, S. E. (1951). Effects of group pressure upon the modification and distortion of judgements. In H. Guetzkow (Ed.), *Groups, leadership and men* (pp.177-190). Oxford, UK : Carnegie Press.

Chan, C. K. K. (1996). Problem-centered inquiry in collaborative science learning. 認知科学, **3**(4), 44-62.
　　(チャン, C. K. K.　中島伸子 (訳) (2000). 協同による科学的学習における問題を中心に据えた探索　植田一博・岡田　猛 (編著) 協同の知を探る──創造的コラボレーションの認知科学──　(pp.108-133)　共立出版)

Chi, M. T. H., de Leeuw, N., Chiu, M. H., & La Vancher, C. (1994). Eliciting self-explanations improves understanding. *Cognitive Science*, **18**, 439-477.

Dunbar, K. (1995). How scientists really reason : Scientific reasoning in real-world laboratories. In R. J. Sternberg, & J. Davidson (Eds.), *The nature of insight* (pp.365-395). Cambridge, MA : MIT Press.

Kiyokawa, S., Ueda, K., & Okada, T. (2003). The effect of metacognitive suggestions on viewpoint change in collaborative problem solving. *Proceedings of 4th International Conference on Cognitive Science and the Annual Meeting of the 7th Australian Cognitive Science*

Society Joint Conference.

Miyake, N. (1986). Constructive interaction and the iterative process of understanding. *Cognitive Science*, **10**, 151-177.

三宅なほみ（2000）．建設的相互作用を引き起こすために　植田一博・岡田　猛（編著）協同の知を探る――創造的コラボレーションの認知科学――（pp.40-46）　共立出版

第9章

Chen, P. W., & Holyoak, K. J. (1985). Pragmatic reasoning schemas. *Cognitive Psychology*, **17**, 391-416.

D'Andrade, R. (1982). *Reason versus logic*. Paper presented at the symposium on the Ecology of Cognition, Biological, Cultural, and Historical Perceptions, Greensboro, North Carolina.

市川伸一（1997）．考えることの科学　中央公論社

Manktelow, K. I., & Evans, J. St. B. T. (1979). Facilitation of reasoning by realism：Effect or non-effect. *British Journal of Psychology*, **70**, 477-488.

Wason, P. C. (1960). On the failure to eliminate hypotheses in a conceptual task. *Quarterly Journal of Experimental Psychology*, **12**, 129-140.

Wason, P. C. (1966). Reasoning. In B. M. Foss (Ed.), *New horizons in psychology*. Vol.1. Harmondsworth：Penguin.

米盛裕二（2007）．アブダクション――仮説と発見の論理――　勁草書房

第10章

Chapman, L. (1967). Illusory correlation in observational report. *Journal of Verbal Learning and Verbal Behavior*, **6**, 151-155.

Gilovich, T. (1991). *How we know what isn't so : The fallibility of human reason in everyday life*. New York：Free Press.
　（ギロビッチ，T.　守　一雄・守　秀子（訳）（1993）．人間この信じやすきもの――迷信・誤信はどうして生まれるか――　新曜社）

Gilovich, T., Vallone, R., & Tversky, A. (1985). The hot hand in basketball：On the misperception of random sequences. *Cognitive Psychology*, **17**, 295-314.

Jones, E. E., & Harris, V. A. (1967). The attribution of attitudes. *Journal of Experimental Social Psychology*, **3**, 1-24.

縄田健悟（2014）．血液型と性格の無関連性――日本と米国の大規模社会調査を用いた実証的論拠――　心理学研究，**85**, 148-156.

Tversky, A., & Kahneman, D. (1982). Judgement of and by representativeness. In A. Tversky, P. Slovec, & D. Kahneman (Eds.), *Judgement under uncertainty : Heuristics and biases* (pp.84-98). Cambridge University Press.

Zechmeister, E. B., & Johnson, J. E. (1991). *Critical thinking : A functional approach*. Brooks/Cole.

（ゼックミスタ，E. B.・ジョンソン，J. E.　宮元博章・道田泰司・谷口高士・菊池聡（訳）（1997）．クリティカルシンキング実践編——あなたの思考をガイドするプラス50の原則——　北大路書房）

第11章

Casscells, W., Schoenberger, A., & Graboys, T. B. (1978). Interpretation by physicians of clinical laboratory results. *New England Journal of Medicine*, **299**, 999–1001.

広瀬弘忠（2004）．人はなぜ逃げおくれるのか——災害の心理学——　集英社

Kahneman, D. (2011). *Thinking, fast and slow*. Farrar, Straus and Giroux.
　（カーネマン，D.　村井章子（訳）（2014）．ファスト＆スロー（上・下）——あなたの意思はどのように決まるか？——　早川書房）

Kahneman, D., & Tversky, A. (1979). Prospect theory: An analysis of decision under risk. *Econometrica*, **47**, 263–291.

Oki, S., & Nakabayashi, N. (2012). Paradoxical effects of the record-high tsunamis caused by the 2011 Tohoku earthquake on public judgments of danger. *International Journal of Disaster Risk Reduction*, **2**, 37–45.

Plous, S. (1993). *The psychology of judgement and decision making*. New York. McGraw-Hill.

Slovic, P. (1987). Perception of risk. *Science*, **236**, 280–285.

Slovic, P., Fischhoff, B., & Lichtenstein, S. (1982). Facts versus fears: Understanding perceived risk. In D. Kahneman, P. Slovic, & A. Tversky (Eds.), *Judgement under uncertainty: Heuristics and biases* (pp.463–492). Cambridge University Press.

Tversky, A., & Kahneman, D. (1974). Judgment under uncertainty: Heuristics and biases. *Science*, **185**, 1124–1131.

Tversky, A., & Kahneman, D. (1981). The framing of decisions and the psychology of choice. *Science*, **211**, 453–458.

Tversky, A., & Kahneman, D. (1982). Judgement of and by representativeness. In A. Tversky, P. Slovec, & D. Kahneman (Eds.), *Judgement under uncertainty: Heuristics and biases* (pp.84–98.). Cambridge University Press.

人名索引

ア　行
アッシュ（Asch, S. E.）　145
アトキンソン（Atkinson, R. C.）　2

犬塚美輪　92, 93

ヴィゴツキー（Vygotsky, L. S.）　66
ウェイソン（Wason, P. C.）　171, 176
ウォーフ（Whorf, P.）　67

エイマス（Eimas, P. D.）　62
エビングハウス（Ebbinghaus, H.）　5

カ　行
カーネマン（Kahneman, D.）
　221〜223, 230

清河幸子　152
キリアン（Quillian, M. R.）　34
ギロヴィッチ（Gilovich, T.）　198
キンチ（Kintsch, W.）　86, 89

グランザー（Glanzer, M.）　9
クレイク（Craik, F. I. M.）　11

ケイ（Kay, P.）　69
ケイン（Cain, K.）　92
ゲントナー（Gentner, D.）　128

コスリン（Kosslyn, S. M.）　26
コリンズ（Collins, A. M.）　35

サ　行
齊藤智　13
サイモン（Simon, D. P.）　109

ジェイコブソン（Jacobson, R.）　71
シェパード（Shepard, R. N.）　26

ジック（Gick, M.）　131〜133

鈴木孝夫　76
スミス（Smith, E. E.）　31
スロヴィック（Slovic, P.）　216, 232

タ　行
高橋登　87
ダンバー（Dunbar, K.）　150

チェン（Chen, Z.）　141
チェン（Cheng, P. W.）　174, 175
チャップマン（Chapman, L.）　192
チャン（Chan, C. K. K.）　148, 162

寺井仁志　113

トヴァスキー（Tversky, A.）　212, 229
ドゥンカー（Duncker, K.）　120, 130

ナ　行
ニッカーソン（Nickerson, R. S.）　44
ニューウェル（Newell, A.）　103, 107

ハ　行
バートレット（Bartlett, F. C.）　43, 51
バウアー（Bower, G. H.）　53
バックハウト（Buckhout, R.）　48

ブルワー（Brewer, W. F.）　44

ペイヴィオ（Pavio, A.）　28

ホイアー（Heuer, F.）　49
ホリオーク（Holyoak, K. J.）　123, 125

マ　行
マークマン（Markman, E. M.）　64

マーフィ（Murphy, G. L.） 33

三宅なほみ 151, 154

メイヤー（Meyer, D. E.） 37

ヤ 行
米盛裕二 184

ラ 行
リンゲルマン（Ringelmann, M.） 143

ルーチンス（Luchins, A. S.） 121

レイコフ（Lakoff, G.） 138

ローディッガー（Roediger, H. L. III） 42
ロッシュ（Rosch, E.） 68
ロフタス（Loftus, E.） 51, 52

ワ 行
ワラス（Wallas, G.） 112, 113

事項索引

ア 行
アブダクション　170
アルゴリズム　105
アンカリング効果　220

意味記憶　25
イメージ論争　26

エピソード記憶　25
エビングハウスの忘却曲線　5
演繹的推論　166

オペレータ　103
音韻ループ　13

カ 行
概念　29
下位目標　107
過拡張　77
学習　126
学習の構え　121
確証バイアス　178, 192
拡張的推論　168
確率　211
仮説的推論　170
活性化拡散モデル　35
カテゴリー　29

基準率　215
基礎レベルのカテゴリー　68
機能的固着　120
帰納的推論　168
気分一致効果　53
記銘　1
記銘段階　49
記銘方略　7
逆一貫性効果　100
9点問題　110

虚記憶　42
凶器注目効果　49

継時的再生法　43
原因　190
検索の失敗　7

構造　127
コミュニケーション　71

サ 行
作動記憶　13

視空間スケッチパッド　13
試行錯誤　106
実用的推論スキーマ　174
事物カテゴリーの制約　64
事物全体性の制約　64
社会的手抜き　144
従属システム　13
集団思考　146
十分原因　190
手段—目標分析　108
腫瘍問題　130
状況モデル　89
初期状態　103
初頭効果　9
処理水準　10
しらみつぶし方略　105
事例理論　31
新近効果　9
心的表象　25

推論　166
スキーマ　46
スクリプト　46

正常性バイアス　219

事項索引

制約　64, 104, 127
説明　148
説明に基づく概念理論　32
前後論法　194
選択課題　171

相関　191
相関の錯誤　192
想起　1
相互活性化モデル　83
相互排他性の制約　65

タ　行

ターゲット　123
対応づけ　126
代表性ヒューリスティック　198
短期貯蔵庫　2, 3

チャンク　4
中央実行系　13
長期貯蔵庫　2, 5

テキストベース　89
転移　121, 130
転送の失敗　6

洞察　111
同調　145
読解方略　92
トップダウン処理　87

ナ　行

二重貯蔵モデル　2
二重符号化理論　28
日常記憶　44
ニューラルネットワーク・モデル　83
2—4—6課題　176

ネットワークモデル　34

ハ　行

ハノイの塔　106
反復再生法　43

必要原因　190
比喩　138
ヒューリスティック　108, 191
評価　126

符号化スキル　91
符号化特定性原理　8, 37
プライミング効果　37
フラッシュバルブ・メモリー　48
フリーライダー　160
不良定義問題　104
フレーミング効果　222
ブレーンストーミング　161
プロスペクト理論　223
プロトタイプ　30
プロトタイプ理論　30
文章の構造　90
文章の内容　90
分析的推論　166

平均への回帰　196
ベース　123
ベースの選択　126

忘却　1
保持段階　50
ボトムアップ処理　86

マ　行

マザリーズ　66

目撃証言　48
目的　128
目標状態　103
問題解決　103
問題解決方略　105

ラ 行

リスク　215
リスク回避行動　221
リスク選好行動　222
リハーサル　4
利用可能性ヒューリスティック　200
良定義問題　104
リンダ問題　213

類似性　127

類推　123

ワ 行

ワーキングメモリ　91

英 字

GPS　107
Tip Of the Tongue 現象　23

著者紹介

犬塚　美輪（いぬづか　みわ）

1999 年	東京大学教育学部卒業
2004 年	東京大学大学院教育学研究科博士課程単位取得退学
2008 年	博士（教育学）
現　在	東京学芸大学教育学部准教授

主要著書・論文

『パフォーマンスがわかる 12 の理論――「クリエイティヴに生きるための心理学」入門！――』（分担執筆）（金剛出版，2017）

'Students' comprehension of scientific discussion : Using eye-tracking technique to investigate the effects of social-media messages on television.'（共著）（Proceedings of the 50th Annual Hawaii International Conference on System Sciences, January 4-7, 2017）

「大学初年次生の数学信念の構造――関連要因の探索的検討――」（教育心理学研究，2016）

『論理的読み書きの理論と実践――知識基盤社会を生きる力の育成に向けて――』（共著）（北大路書房，2014）

心について考えるための心理学ライブラリ＝6

認知心理学の視点
――頭の働きの科学――

2018 年 11 月 10 日 Ⓒ　　　　　初　版　発　行

著　者　犬塚美輪　　発行者　森平敏孝
　　　　　　　　　　印刷者　馬場信幸
　　　　　　　　　　製本者　小高祥弘

発行所　株式会社　サイエンス社
〒151-0051　東京都渋谷区千駄ヶ谷1丁目3番25号
営業☎(03)5474-8500（代）　　振替00170-7-2387
編集☎(03)5474-8700（代）
FAX☎(03)5474-8900

印刷　三美印刷　　製本　小高製本工業

《検印省略》

本書の内容を無断で複写複製することは，著作者および出版者の権利を侵害することがありますので，その場合にはあらかじめ小社あて許諾をお求めください。

サイエンス社のホームページのご案内
http://www.saiensu.co.jp
ご意見・ご要望は
jinbun@saiensu.co.jp まで．

ISBN978-4-7819-1428-2

PRINTED IN JAPAN

認知と思考の心理学

松尾太加志 編
A5判・280ページ・本体 2,500 円（税抜き）

私たちは，外界からさまざまな情報を取り入れ，脳の中で認知し，行動に反映させています．ものごとを記憶し，知識として定着させるのも，そのような「認知」によるものなのです．また，問題解決をしたり，推論を働かせたり，意思決定を行ったりと「思考」することによって，より適応的に生きることが可能となります．本書では，そういった私たちが行う認知と思考の心の働きについて，気鋭の著者陣がわかりやすく解説します．2色刷．

【主要目次】
第 1 章　記憶のとらえ方
第 2 章　ワーキングメモリ
第 3 章　長期記憶と忘却
第 4 章　日常記憶
第 5 章　知識の表象
第 6 章　問題解決
第 7 章　推論と意思決定
第 8 章　言語
第 9 章　認知と脳

サイエンス社

質問紙調査と心理測定尺度
——計画から実施・解析まで——

宮本聡介・宇井美代子 編

A5判・336ページ・本体2,300円（税抜き）

本書は，質問紙調査を一度も経験したことのない初学者が，最初に学ぶべき基礎知識をひととおり身につけることができるテキストである．調査の実施計画・方法から，心理測定尺度の使い方，結果の整理・解析，論文・レポートの書き方，研究者としての心構えまで，気鋭の著者陣が独自の尺度開発や調査法の授業をうけもった経験を活かして詳しく解説している．また，近年欠かせなくなっているウェブ調査やテキストマイニングの基礎知識についても盛り込んだ．好評シリーズ『心理測定尺度集』の副読本としても最適な一冊である．

【主要目次】

I 導入／質問紙調査とは何か／研究法と質問紙調査／II 作成と実施／質問紙調査の計画／心理測定尺度の概要／心理測定尺度の探し方・使い方／質問紙の作成から配付まで／III データの整理と解析／データの整理／心理測定尺度の尺度構成／平均値の比較と相関分析／卒業論文・レポートの書き方／IV 応用／ウェブを使った調査の実施方法／自由回答法とその後の分析方法——テキストマイニング／質問紙調査法と質的研究／研究者としての心構え・研究倫理

Progress & Application
心理学研究法

村井潤一郎 編著

A5判・256ページ・本体 2,200円（税抜き）

本書は，心理学研究法について分かりやすく，親しみやすく，コンパクトにまとめられた入門書です．内容は，まず全体を概観した上で，実験法，質問紙調査法，観察法，面接法，という「基本的手法」について説明します．その後，実践研究，精神生理学的研究という「応用的手法」について，最後に論文の執筆法について説明していきます．見やすい2色刷．

【主要目次】

1章　心理学研究法概観
2章　実験法
3章　質問紙調査法——量的調査研究
4章　観察法——量的・質的調査研究
5章　面接法——質的調査研究
6章　実践研究
7章　精神生理学的研究
8章　心理学論文執筆法——卒業論文のために

サイエンス社